道元禪師

高僧傳

日本曹洞宗初祖

編撰——胡建明

【編撰者簡介】

胡建明

生於一九六五年，上海市人，文學博士、哲學博士。一九九〇年留學日本東京，一九九六年留學德國海德堡。現任職於日本東京駒澤大學佛教經濟研究所，兼中國人民大學高等宗教研究院客座研究員。主要從事中國哲學、華嚴學、禪宗美術史等方面之研究。

出版專著包括：《中國宋代禪林高僧墨蹟研究》（東京，春秋社，二〇〇七）、《宋代高僧墨蹟研究》（杭州，西泠印社出版社，二〇一一）、《圭峯宗密思想の綜合的研究》（東京，春秋社，二〇一二）、《宗密思想綜合研究》（北京，中國人民大學出版社，二〇一三）等。在中外專業期刊及海內外學術會議上發表論文百餘篇。

【「高僧傳」系列編輯序】

令眾生生歡喜者，則令一切如來歡喜

「為佛教，為眾生」六個字，乃是印順法師於臺北市龍江街慧日講堂（後因大門遷移，地址遷至朱崙街）為證嚴法師授予三皈依、並賜法名時的殷殷叮囑：「既然出家了，你要時時刻刻為佛教、為眾生。」

依證嚴法師解釋：「為佛教」是內修清淨行，「為眾生」則要挑起如來家業，走入人群救度眾生。因此法師稟承師訓，一心一志「為佛教還原教義，為眾生點亮心燈」，而開展慈濟眾生的志業。

證嚴法師開創「靜思法脈，慈濟宗門」，並將其與「為佛教，為眾生」合釋：「靜思法脈」乃「為佛教」，是智慧；「慈濟宗門」即「為眾生」，是大愛。

進而言之，「靜思法脈，慈濟宗門」即菩薩道所強調的「悲智雙運」：「靜思法脈」是「智」，「慈濟宗門」是「悲」；傳承法脈、弘揚宗門就要「悲智雙運」，積極在人間發揮慈、悲、喜、捨四無量心。此亦即慈濟人開展四大志業、八大法印時的根本心要。

由其強調「悲智雙運」可知，「靜思法脈，慈濟宗門」並非標新立異，而是傳承佛陀教法以及漢傳佛教歷代高僧的教誨——包括身教與言教，並要求身心皆徹底踐履。為了讓世人明瞭慈濟宗門之初心與悲願，也讓這些歷代高僧的事蹟與精神更廣為人知，大愛電視臺秉持證嚴法師的信念，於二〇〇三年起陸續製作《鑑真大和尚》與《印順導師傳》動畫電影，將佛教史上高僧大德的動人故事，經由動畫電影的形式，傳遞到全世界。

因為電影的成功，大愛電視臺進一步籌畫更詳盡的電視版〈高僧傳〉——採取臺灣民眾雅俗共賞的歌仔戲形式。〈高僧傳〉的每一部劇本都是經過數個月的資料研讀與整理，縝密思考後才下筆，句句考證、字字斟酌。製作團隊感受到每一位大師皆以身作則、行菩薩道的特質，希望將每位高僧的大願與大行傳遍世界。

然而，不論是動畫或戲劇，恐難完整呈現《高僧傳》中所載之生命歷程，以及諸位高僧與祖師之思想以及對後世之貢獻。因此，慈濟人文志業中心便就〈高僧傳〉歌仔戲所演繹過的高僧，以《高僧傳》及《續高僧傳》之原著為基礎，含括了日、韓等國之佛教史上的知名高僧，編撰「高僧傳」系列叢書。我們不採取坊間已有之小說體形式，而是嚴謹地參照人物評傳的現代寫法，參酌相關之史著及評論，對其事蹟有所探討與省思，並將其社會背景、思想及影響皆納入，雜揉編撰，內容包括高僧的生平、傳承及主要思想或重要經典簡介。從中，我們不僅可以讀到歷代高僧的智慧與悲心，亦可一覽相關的佛教史地、典籍與思想。

在編輯過程中，我們可以看到歷代高僧之「為佛教，為眾生」：鳩摩羅什飽受戰亂、顛沛流離，仍戮力譯經，得令後人傳誦不絕，乃是為利益眾生；玄奘歷萬里之險取得梵本佛經、致力翻譯，其苦心孤詣，是為利益眾生；鑑真六次渡海欲至東瀛傳戒，眼盲亦不悔，是為利益眾生；六祖惠能隱居十五載以避害身之禍，只為弘揚如來心法，並言「佛法在世間，不離世間覺；離世求菩提，猶如覓兔角」，亦是為利益眾生……

這些高僧祖師大可獨善其身、如法修行以得解脫，為何要為法忘身、受諸逆境而不退？究其根本，他們不只是為了參究佛法，而是深知弘揚大乘佛法的目的乃在於大慈大悲地度化眾生、讓眾生能得安樂；若不能讓眾生同霑法益，求法何用？如《大智度論．卷二七》所云：

一切諸佛法中，慈悲為大；若無大慈大悲，便早入涅槃。

由此可知，就大乘精神而言，「為佛教」即應「為眾生」，實為一體之兩面。

「大悲」為「諸佛之祖母」

除了歷代高僧之示現，「為眾生」之菩薩道的實踐，於經教中更是多不勝數、歷歷可證。例如，《無量義經．德行品第一》便說明了菩薩作為眾生之大導師、大船師、大醫王之無量大悲：

無量大悲救苦眾生，是諸眾生真善知識，是諸眾生大良福田，是諸眾生不請之師，是諸眾生安隱樂處、救處、護處、大依止處。處處為眾作大導師，能為生盲而作眼目，聾劓啞者作耳鼻舌；諸根毀缺能令具足，顛狂荒亂作大正念。船師、大船師運載群生渡生死河，置涅槃岸；醫王、大醫王，分別病相曉了藥性，隨病授藥令眾樂服；調御、大調御，無諸放逸行，猶如象馬師，能調無不調；師子勇猛，威伏眾獸，難可沮壞。

如來於《法華經．觀世音菩薩普門品》中宣說，觀世音菩薩更以三十三種應化身度化眾生：

佛告無盡意菩薩：善男子，若有國土眾生，應以佛身得度者，觀世音菩薩即現佛身而為說法；應以辟支佛身得度者，即現辟支佛身而為說法；應以聲聞身得度者，即現聲聞身而為說法；應以梵王身得度者，即現梵王身而為說法；應以帝釋身得度者，即現帝釋身而為說法……應以天龍、夜叉、乾闥婆、阿修羅、迦樓羅、緊那羅、摩侯羅伽、人非人等身得度者，即皆現之而為說法；應以執金剛神得度者，即現執金剛神而為說法。無盡意，是觀世音菩薩成就如是功德，以種種形遊諸國土，度脫眾生，是故汝等應當一心供養觀世音菩薩。是觀世音菩薩摩訶薩，於怖畏急難之中能施無畏，是故此娑婆世界皆號之為施無畏者。

為何觀世音菩薩要聞聲救苦？因為菩薩總是「人傷我痛、人苦我悲」，恆以「利他」為念。如《大丈夫論》所云：

> 菩薩見他苦時，即是菩薩極苦；見他樂時，即是菩薩大樂。以是故，菩薩恆為利他。

正是因為這般順隨眾生、「以種種形」而令其無畏的無量悲心，讓觀世音菩薩受到漢傳佛教乃至於華人民間信仰的共同崇敬。慈濟人之所以超越貧富、超越國界、超越宗教地去關懷與膚慰需要幫助的生命，便是效法觀世音菩薩無量悲心、無量應化的精神。

在《法華經．普賢菩薩勸發品》中發願、將於佛滅後守護及教導受持《法華經》之眾生的普賢菩薩，於《華嚴經．普賢行願品》中則教導善財童子如何供養諸佛，亦揭示了如來、菩薩、眾生的關係：

> 於諸病苦，為作良醫；於失道者，示其正路；於闇夜中，為作光明；於貧窮者，令得伏藏。菩薩如是平等饒益一切眾生。何以故？菩薩若能隨順眾生，則為隨順供養諸佛；若於眾生，尊重承事，則為尊重承事如來；若令眾生生

歡喜者，則令一切如來歡喜。何以故？諸佛如來，以大悲心而為體故。因於眾生，而起大悲；因於大悲，生菩提心；因菩提心，成等正覺。……若諸菩薩，以大悲水饒益眾生，則能成就阿耨多羅三藐三菩提故。是故菩提，屬於眾生；若無眾生，一切菩薩終不能成無上正覺。善男子，汝於此義，應如是解。以於眾生心平等故，則能成就圓滿大悲；以大悲心隨眾生故，則能成就供養如來。

《大智度論．卷二〇》亦云，佛陀強調，大悲心乃是諸佛菩薩之根本，具大悲心方能得般若智慧，亦方能成佛：

大悲，是一切諸佛、菩薩功德之根本，是般若波羅蜜之母，諸佛之祖母。菩薩以大悲心，故得般若波羅蜜；得般若波羅蜜，故得作佛。

「菩薩若能隨順眾生，則為隨順供養諸佛；若於眾生，尊重承事，則為尊重承事如來；若令眾生生歡喜者，則令一切如來歡喜。」閱及此段，不禁令人深深體會證嚴法師之智慧與悲心：慈濟宗門四大、八印之聞聲救苦、無量應化地「為眾生」，也是同時「為佛教」地供養諸佛、令一切如來歡喜啊！

歷代高僧雖未如慈濟宗門般推動慈善、醫療、乃至於環保、國際賑災等志業，乃因其時空因素，欲度化眾生先以弘揚大乘經教與法義為重；現今經教已備，所須的乃是效法菩薩道之力行實踐！慈濟宗門便是上承歷代高僧與經論之教法，推動四大、八印，行菩薩道饒益眾生，以此供養如來。

換言之，歷代高僧之風範、智慧及悲願，為佛教，也為眾生，此即諸佛菩薩之本懷，亦為慈濟宗門之本懷！這便是《高僧傳》系列叢書所欲彰顯者。

遙企歷代高僧儼然身影，我們可以肯定：為眾生，便是為佛教；為佛教，一定要為眾生！

【編撰者序】

為日本迎來「純粹禪」的道元

本書的主人翁是日本的宗教家、思想家、日本曹洞宗創立者道元（一二〇〇至五三）禪師（以下敬稱省略）。現代日本曹洞宗信仰是「一佛二祖」：一佛就是本師釋迦牟尼佛，本師右側是高祖承陽大師永平道元，左側是太祖常濟大師瑩山紹瑾（一二六八至一三二五）。因此，日本曹洞宗將道元開闢的吉祥山永平寺（福井縣吉田郡志比莊）與紹瑾開闢的諸嶽山總持寺（神奈川縣橫濱市鶴見區）尊稱為兩大本山。

日本曹洞宗，乃是道元禪師入宋求法，在天童長翁如淨（一一六二至一二二七）座下得法後傳到日本的一支禪宗。在道元之前，中國禪法以及禪宗已有多次傳到日本；但是，由於日本社會狀況乃至宗教發展的內在因素，純粹的禪法未能得以弘揚。從這個意義上來說，道元的禪法是沒有密教等間雜內容、被譽為「純禪」的法門。

當然，曹洞宗在道元傳到日本之後，中國的禪宗大德又有三傳，亦即宋末元初之際的東明慧日（一二七三至一三四〇）、東陵永璵（一二八五至一三六五）以及明末心越興儔（一六三九至九六）三位禪師東渡，將曹洞宗傳到日本；可惜的是，傳了數代以後，法脈就斷絕了。現在所傳的曹洞宗都是道元的法系。

另外，宋末元初之際，臨濟宗楊岐派的禪法也有一個東傳的高峰時期；到了明末，又有黃檗隱元（一五九二至一六七三）東渡傳禪，這支臨濟禪後來在日本獨立成為黃檗宗。在道元之前，傳到日本的還有一支臨濟宗黃龍派，就是道元的師翁明庵榮西（一一四一至一二一五）所傳。還有一支臨濟宗大慧派的禪法傳到日本，那就是稍早於榮西、被稱為「達磨宗」的大日能忍（？至一一九六）；不過，能忍本人並沒有入宋，而是派遣了兩位門人入宋至明州，向大慧宗杲的弟子阿育王寺拙庵德光（一一二一至一二〇三）求來的禪法。榮西的黃龍派禪與能忍的達磨宗禪和道元的關係十分密切，將於本文中詳述。

以下，就先讓我們大致了解道元出生前後的日本社會背景以及日本佛教的狀況吧！

道元出生前後的日本社會背景

眾所周知，道元出生的時代是處於日本中世紀的鎌倉時代（一一八五至一三三三）；在這個時代中，日本佛教界出現了三位偉大的宗教家：第一位當然非道元莫屬；其他兩位分別是淨土真宗開祖親鸞（一一七三至一二六三）以及日蓮宗開祖日蓮（一二二二至八二）。道元主張「只管坐禪」（或「只管打坐」），親鸞力倡「專修念佛」，日蓮依奉「專唱題目」，他們將佛教在印度、中國、日本的一貫傳統的基礎上，加以簡略化與純粹化，以便讓世間所有的人群都能比較容易地信仰和接受佛法。這三位開宗祖師的出現，可以說是鎌倉新佛教的重要標誌。

而道元這位天才型的宗教家，將中國唐代以來的禪宗思想與教法加以更精煉與再普及；於此可以說，道元以及道元的禪思想在整個世界的禪宗史上，佔有特殊的地位。

不過，世界上任何一個偉人的出現，無不與他們所處的時代背景與環境有著密不可分的關係，道元自然也不例外。

那麼，且讓我們簡單回顧一下，道元出生的西元一二〇〇年前後，日本的政治、社會等實際狀況吧！

首先來看看當時的政治。在此前一年，即日本建久十年，鎌倉幕府的建立者初代將軍源賴朝（一一四七至九九）死去，北條時政（一一三八至一二一五）取代了源氏的統治，成為實際的執政者；雖經歷了種種的混亂和苦難，仍逐漸穩固了鎌倉幕府的政治基礎。

在平安時代，以藤原道長與賴通為代表的藤原家族之「攝關」（「攝政」與「關白」，相當於宰相）政治，以極為橫暴的手段進行統治。為了改變時弊，白河法皇利用負責王城守衛之北面的武士集團，並聯合南都北嶺的僧兵，欲從藤原氏手中奪回政權。

此間，新興的武士集團源氏與平氏相繼得勢，而由此在皇族、公卿、武士、僧眾之間引起並展開了種種爭鬥。由保元、平治之亂引發的「源平之爭」，最後以平清盛（一一一八至八一）取得勝利而掌握了實權。但是，盛極一時的平家政權，終於被源義仲（一一五四至八四）與源賴朝的舉兵而打敗。在一一八四年，源賴朝建立了鎌倉幕府，結束了之前近百年的院政時期、以及院政時期之前百餘年的攝關時期之統治。接下來，概述一下道元出生前後的日本佛教的狀況。

道元出生之前的日本佛教與禪宗相傳的概況

從日本的攝關時期以來，藤原氏以強勢的政治力量支配了「南都北嶺」的佛教。所謂「南都佛教」，就是奈良時代以平城京為中心的六個佛教宗派，即三論宗、成實宗、法相宗、俱舍宗、華嚴宗、律宗，一般將之通稱為「南都六宗」，而「北嶺」是指比叡山的天台宗。

眾所周知，到了平安時代，在原來傳統的南都六宗之外，在京都的北面（今滋賀縣），入唐得法的傳教大師最澄（七六六至八二二）創建的天台法華宗；而同時期入唐得法的弘法大師空海（七七四至八三五），在高野山（今和歌山縣）創建了真言宗（東密）。後世將此二宗通稱為「平安二宗」，加之南都六宗則合稱為「八宗」。

在藤原氏的攝關時期，藤原家族基本上控制了南都最有勢力的法相宗以及北嶺的比叡山、乃至三井的園城寺與京都內外的門跡寺院（皇族、貴族擔任住持的特定寺院），其中的座主、門跡、僧正等高層僧侶，基本上由皇族以及藤原氏一門所佔據。這些最重要的佛教道場喪失了求道的意義，而成為爭奪地位、名譽、財產等世俗權利和欲望的所在；因此，佛教內部與世俗社會一樣，一直沒有停止勢力的相爭。

雖然，這個時期從表面上呈現出一時的榮華與興盛，卻免不了沒落與衰敗；由於相繼不斷的天災、人禍、疫病、饑饉等原因，充滿了社會動盪和人心恐慌。到了藤原賴通攝政的一〇五二年前後，末法時期到來的思潮在日本社會得以出現。之後，由於社會不安的加劇，人民的生命與財產得不到保障，人們對現世的和平與幸福完全失望，對來世往生極樂國土的憧憬和欣求，成為人生唯一的慰藉；於是，念佛思想漸次深入社會各個階層。

淨土思想很早就為日本社會所知曉；不過，將之積極傳播和普及於民眾的，是日本淨土宗的開祖法然（一一三三至一二一二）以及甚多門下弟子。法然於一一九八年撰述了《選擇本願念佛集》一書，積極宣揚彌陀淨土思想，得到廣大民眾的響應；但是，馬上受到舊佛教的壓迫，於一二〇七年（建永二年、承元元年）發布了禁止「專修念佛」的通令，並將法然以及親鸞等門人數人流配遠地。這就是日本佛教史上所說的「承元法難」。

同時，在舊佛教內部，也出現了要求改革時弊、憂慮佛教墮落的高僧們，如法相宗的笠置上人貞慶（一一五五至一二一三）、京都栂尾華嚴宗高山寺的明惠上人（一一七三至一二三二）、以及主張興禪護國的榮西（一一四一至一二一五）等人。

接著，概述一下道元出生前後禪宗在日本相傳的情況。禪宗在七世紀初，由入唐的留學僧所傳；但是，由於當時日本社會以及宗教勢力的阻力等種種原因，唐代的禪宗無緣在日本流傳。日本禪宗的確立與發展，一直要等到十三世紀的道元，以及東渡高僧蘭溪道隆（一二一三至七八）以及無學祖元（一二二六至八六）等人出現的時代了。

早在奈良時代，元興寺的入唐僧道昭（或稱道照，六二九〔？〕至七〇〇），在玄奘（六〇二至六六四）三藏門下研學法相時，就曾經在相州隆化寺的慧滿禪師下問禪；此外，在日本天平八年（七三六）東渡來的律宗高僧道璿（七〇二〔？〕至七六〇）是承繼北宗禪的僧人。據虎關師鍊（一二七八至一三四六）所著的《元亨釋書》所記，道璿的法系為「達磨—慧可—僧璨—道信—弘忍—神秀—普寂—道璿」，是北宗的第八代。道璿又將此北宗禪傳給大安寺行表（七二二至七九七），行表再傳最澄。相傳平安時代的石屋能光（生卒年不詳）入唐隨曹洞宗高祖洞山良价（八〇七至八六九）學禪得法，並終壽於唐土。平安時代後期、鎌倉時代初期的天台宗僧覺阿（一一四三至？）曾在一一七一年到杭州靈隱寺，得法於佛海禪師瞎堂慧遠（一一〇三至七六）。

而上面言及的大日能忍在一一八九年得到大慧派德光的印可法卷。榮西在一一八七年第二次入宋（第一次為一一六八年）時，在天台山萬年寺師從虛庵懷敞（一一二五至九五），並在一一九一年在天童寺得虛庵的印可，嗣承黃龍宗法脈。

道元是隨建仁寺的明全（榮西的高徒）入宋求法，也承續榮西所傳的黃龍宗法脈。道元以後，宋代的禪宗在日本得以蓬勃發展，如圓爾辯圓（一二〇二至八〇）、南浦紹明（一二三五至一三〇八）等入宋、入元的求法僧，還有上面言及的蘭溪道隆和無學祖元等甚多的宋元東渡高僧，產生了重要的作用。

道元之前，乃至之後，有很多日本傳禪者，大多是兼修禪，如榮西、圓爾等，在弘傳禪法的同時，又兼弘密、台諸宗；只有道元真正擺脫了顯密兼修的束縛，為日本迎來了「純粹禪」的時代。

關於道元及其道元禪的研究，在近代以來的日本學術界內蔚然成風，著作以及研究論文難以計數。最近幾十年來，在東亞、美國、乃至歐洲的學術界以及宗教研究領域，也對道元以及道元禪抱有極大興趣，研究成果也頗為可觀。因此，道元以及道元禪的研究，可說已經成為世界性的宗教話題與研究對象。

筆者不敢自稱為研究道元禪的專家，然本人忝為曹洞宗一介衲子，曾有法緣於天童寺，又是駒澤大學禪學科出身；畢業之後，曾在大本山永平寺安居修行，後又不遠萬里往美國洛杉磯佛真寺曹洞宗禪中心等地與美國禪友一起安居參禪。所以，當筆者承蒙臺灣慈濟傳播人文志業基金會出版部主編賴志銘博士邀稿時，雖感僭越不肖，仍謹奉執筆之命，聊作報謝佛恩祖德之赤心一片而已。

三十餘年來，筆者雖也寫了不少與道元禪有關的拙論，卻依舊算是門外漢。道元的《正法眼藏》一書，則置於座右、枕邊，讀了又讀，參來參去，猶不得要領，難以盡得其中法味，當是吾一生難決的「現成公案」了。

為了撰寫此書，筆者歷時兩年，翻閱了甚多研究著作以及論文；但是，由於本書的篇幅有限等諸多原因，書中不能一一羅列所有這方面研究的學者芳名及其詳論諸家之學術見地，若有不足之處，謹望諸方給予寬容與鑒諒。

目錄

豈只是一佛二佛所修之功德哉？應已是恆河等之諸佛所修習之諸功德也。

第四章　山城禪修・入越開山　141

謂坐禪則大安樂法門也。若得此意，自然四大輕安，精神爽利，正念分明，法味資神，寂然清樂，日用天真也。已能發明，可謂如龍得水，似虎靠山。

第五章　當歸永平・京都入滅　203

從今盡未來際，永平老漢恆常住人間，晝夜不離當山之境，雖蒙國王宣命亦誓不出當山。其意如何？唯欲晝夜無間精進經行，積功累德故也。以此功德先度一切眾生，令見佛聞法，落在佛祖窟裡。

影響

謂即心是佛者，乃發心、修行、菩提、涅槃之為諸佛也；未發心、修行、菩提、涅槃者，不是即心是佛。

他將大佛寺改為「永平寺」，也就是宣布：世間的正法在吉祥山裡，就猶如東震由漢明帝永平年間傳來佛法一般。

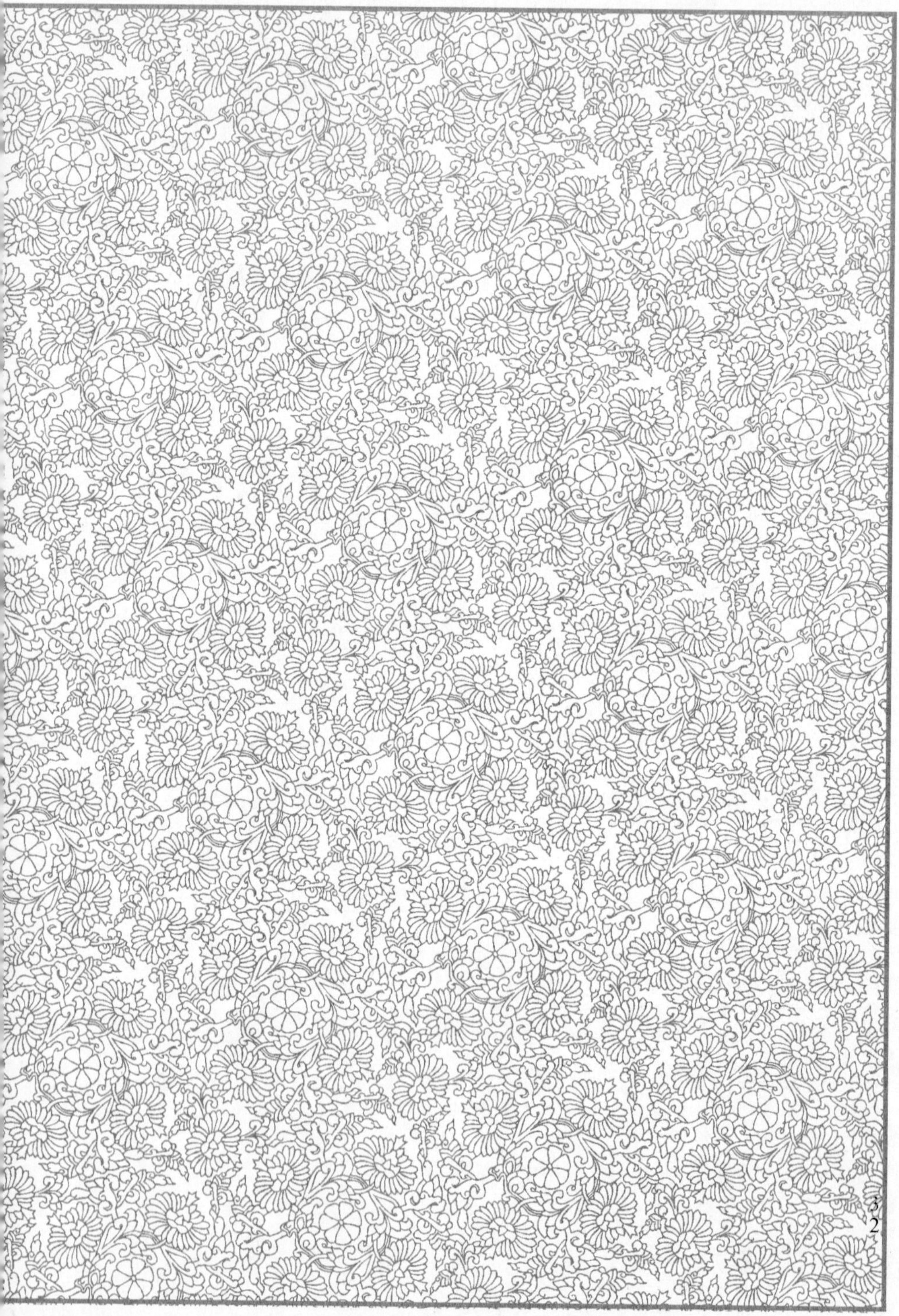

示現

普勸坐禪儀

入宋傳法沙門道元撰

原夫道本圓通爭假修證宗乘自在何費功夫況乎全體逈出塵埃孰信拂拭之手段大都不離當處豈用

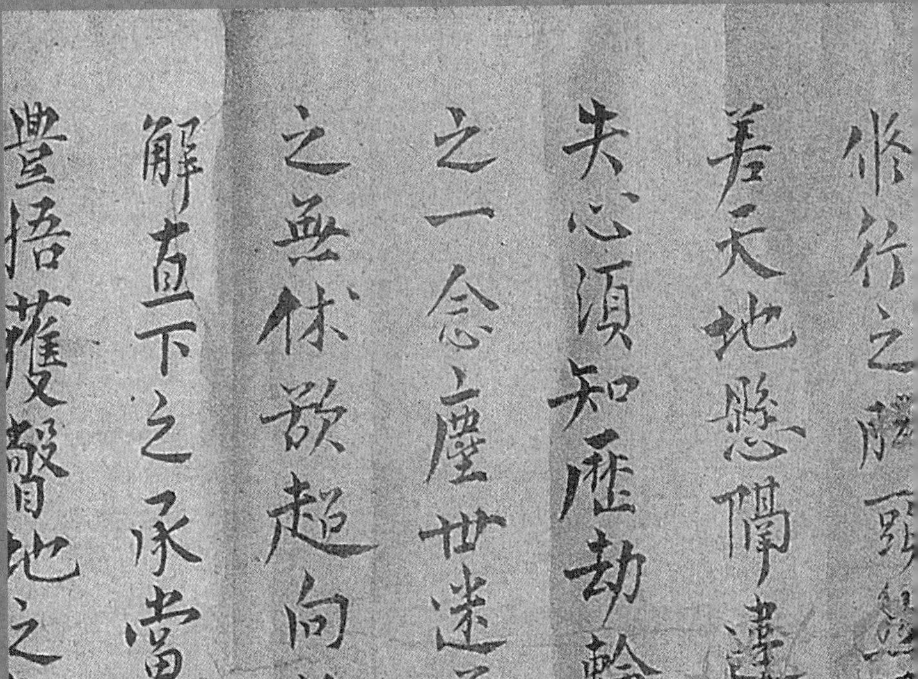

道元墨蹟〈普勸坐禪儀〉（局部）日本國寶 永平寺藏

第一章　京城降誕・叡山出家

日本正治二年（一二〇〇年一月二十六日）～建保元年（一二一三年四月九日）

於延曆寺戒壇院，以公圓僧正為和上，受菩薩戒，作比丘。自爾習天台之風兼南天祕教，大小之義理，顯密之奧旨，無不習學。

紳纓之胤

據虎關師鍊（一二七八至一三四六）在元亨二年（一三二二）所著的《元亨釋書》卷六所記：「釋道元，姓源氏，京兆人，紳纓之胤也。」又據日本延寶八年（一六八〇）永平寺第十四世建撕（一四一五至一四七四）撰的《建撕記》的寫本所記載：道元是村上天皇第九代孫，即第八代具平親王的兒子。

他於日本正治二年（一二〇〇）陰曆正月初二——換算成陽曆，應為一月二十六日——出生於京都的久我家。生父是內大臣正二位右大將，土御門內大臣，後鳥羽院院司的源通親（一一四九至一二〇二），生母是松殿藤原基房的三女兒伊子。

在道元三歲時，即建仁二年（一二〇二）十月二十一日，父親亡故，承元元年（一二〇七），八歲時又不幸喪母。於是由兄長源通具（堀川大納言，正二位）撫養。有關道元的傳記，《永平寺三祖行業記》（以下簡稱《行業記》）是最早的史料。

夙感無常

道元出生在貴胄豪族之家，具有優渥的生活條件與良好的教育環境，從小就接受正規的教育，據史料記載，他四歲時就能誦《李嶠雜詠》（註一），七歲時能讀《左傳》以及《毛詩》等，八歲時能讀《阿毗達磨俱舍論》，被譽為「神童」。自八歲喪母之後，道元便由通具來撫養。雖然過著錦衣玉食的生活，卻由於過早失去父母的慈愛與親情，在他幼小的心靈中時時有著一種難以形容的孤獨與悲哀。

隨著漸漸長大，知識與見識的不斷增長，他對世態炎涼有進一步的了解與體會；人生無常之感，在道元的心中日益加深。據《永平廣錄》所記，道元在八歲那一年死別慈母時，母親曾留下遺言，希望道元以後能出家修道，以追薦菩提，報謝父母之恩。於是，在他剛滿十三歲的那一年，遂堅定出家修道的信念。

出家叡峰

據《元祖孤雲徹通三大尊行狀記》所載：

自謂世俗昇進本非所望，出家學道尤所欣求。終十三歲，建曆二年春，夜中不被人知而密遯出木幡之山莊，尋到叡山之麓。即入良顯法眼之室，即師之外舅也。時之延之，慇懃欣求出家。法眼大驚，問曰：元服期近，親父猶父定有其瞋，如何？師曰：悲母逝世時，遺囑曰：出家學道而可弔我後世。殊祖母姨母等之養育恩尤重，出家修道而欲資彼菩提。時法眼感淚，即聽入室。即時登橫川首楞嚴院般若谷千光坊。建保元年癸酉四月九日十四歲，禮初任座主公圓僧正剃髮。同十日，於延曆寺戒壇院，以公圓僧正為和上，受菩薩戒，作比丘。自爾習天台之風兼南天祕教，大小之義理，顯密之奧旨，無不習學。

從上面一段史料可知，在建曆二年（一二一二）春，道元離家，前往比叡山，特去造訪他的舅舅良顯法師，希望得到母舅的認可，幫助他留在山內修行佛法。於是，在良顯（一說良觀）的周旋之下，他便在橫川般若谷的千光房住了下來。建保元年（一二一三，十四歲）四月九日，道元禮天台第七十世座主公圓為師，正式剃度出家；翌日，在戒壇院受菩薩大戒。

道元所受的戒，是比叡山傳教大師最澄（七六六至八二二）所創立的天台法華宗的戒法，只授受大乘菩薩戒（圓頓戒），不授受傳統的比丘具足戒。當時，南都東大寺等戒壇傳授比丘戒，比叡山內所授受的戒可以說是一種比較獨特的戒法，這就為後道元入宋上天童山安居修行時，涉及「新到列位」——即僧臘以及僧次等，因而帶來意想不到的問題。此是後話，在此暫擱下不提。

【註釋】

註一：李嶠是唐代武后、中宗時期的文壇領袖，晚年更被尊為文章宿老，深得時人推崇。曾作《雜詠詩》一百二十首，分為乾象、坤儀、居處、文物、武器、音樂、玉帛、服玩、芳草、嘉樹、靈禽、祥獸十二大類，各以一字為題，又稱《單題詩》，一詩詠一物，如〈日〉、〈月〉等，句句用典，是詩歌的類書形式。這組《雜詠詩》後流傳至日本，在平安時代成為貴族及士族階層重要的幼學讀物。

第二章　建仁問禪・梯航入宋

日本建保二年（一二一四）～貞應二年（一二二三）

予自發心求法以來，於我朝諸方，尋訪知識。因見建仁全公，相隨霜華忽歷九載，聊聞臨濟家風。

參訪公胤

道元在比叡山內，修習天台宗的經禪之法，並將《一切經》通讀了兩遍，光陰不覺匆匆過了兩個年頭。到了建保二年（一二一四，十五歲）春天，道元拜訪了三井園城寺長吏的公胤上人（一一四五至一二一六）。公胤與道元的關係，據《傳光錄》（乾坤院本）中所記，公胤是道元的外叔；由此可知，公胤是道元母方的親緣者。大概是在良顯的推薦之下，道元特去參訪。

在道元《正法眼藏》（東本）卷三中有提及公胤僧正的開示，應是史實。

道元見了公胤後，就佛性義以及修行問題向公胤上人請教。道元問公胤：

> 本來本法性，天然自性身。顯密兩宗，不出此理，大有疑滯。如本自法身法性者，諸佛為甚麼更發心修行哉？

這個問題使得公胤一時語塞。道元問的問題是：既然人人本具佛性，個個本覺，具足自性清淨心，與佛無異，為何還勞修行？公胤雖然用法華天台的本覺論解說了一番，終究未能使道元冰釋疑團。

於是，公胤告訴道元：「傳聞大宋有傳佛心印之正宗，宜入宋求覓。」（《永平寺三祖行業記》）並說，新近有千光法師明庵榮西者，從大宋國禪林得法回朝，在京師東山建仁寺教化四眾；汝若有餘疑，可先往之，一決疑問。

問道榮西

據《行業記》記載，建保五年（丁丑）秋，道元因公胤之指點，離開比叡山前往京都建仁寺，參見千光法師明庵榮西。

榮西於永治元年四月二十日（一一四一年五月二十七日）出身於備中（今岡山縣）吉備津宮神主賀陽氏。相傳，其八歲便能讀《俱舍論》等典籍。久壽元年（一一五四），十四歲時上比叡山延曆寺出家。之後，修學於延曆寺、吉備安養寺、伯耆（今鳥取縣）大山寺等，通達天台宗的教義以及密教，修行綿密謹嚴，自號「葉上房」，成為日本密教葉上流之開祖。

仁安三年（南宋孝宗乾道四年，一一六八）四月，榮西為了拯救日本天台宗在教義上的形骸化，並力圖改變天台宗日益成為當時權貴政治爭鬥道具的弊端，在得到貴族平家的支持下，梯航入宋，於天台山萬年寺及明州育王寺等名刹參學，並得到廣慧寺知客指點，加深了對當時南宋禪林的了解。是年九月，得天台章疏三十餘部六十卷回歸日本，將之獻呈天台座主明雲。之後致力於傳教大師最澄開宗期的天台教義之研究以及實踐，深感對禪的深入研習極為重要。

文治三年（南宋孝宗淳熙十四年，一一八七），榮西第二次入宋留學。他原本還計畫前往印度巡禮，但當時南宋前往西域以及印度的路線已關閉，因此無法實現。於是，他在天台山萬年寺虛庵懷敞處參究臨濟宗黃龍派的禪法。淳熙十六年，懷敞禪師往明州天童山住持，榮西隨侍左右。南宋光宗紹熙二年（日本建久二年，一一九一）榮西得到懷敞的印可，嗣承黃龍宗法脈，同年七月返回日本。為了報答師恩，於建久四年（南宋紹熙四年，一一九三）得聞天童山重建千佛閣後，特從日本寄去良材相助。

為了表彰榮西對天童寺建設的貢獻，當時的著名詩人和文學家樓鑰（一一三七至一二一三）撰寫了《千佛閣記》，樓鑰乃浙東四明名士，他撰寫的《攻媿集》一百二十卷，為世所重。

明全及道元入宋之後的一二二四年七月，在天童寺為紀念榮西圓寂十週年忌辰而做供養法會，並準備在寺內修建千光法師祠堂，為此特請官員虞樗撰述了《日本國千光法師祠堂記》，一時傳為佳話。

榮西在筑前博多（今福岡市博多區）聖福寺大力弘揚新興的禪法，但受到了筥崎（今福岡市東區）的僧人良辯僧正告發，於是遭受叡山的種種壓迫，被太宰府嚴加訊問，最後發出了停止禪法弘通的命令，榮西的臨濟宗黃龍派禪法以及大日能忍的達磨宗（臨濟宗大慧派）禪法等都被當局所禁止傳播。建久九年（一一九八）榮西撰寫《興禪護國論》，以破斥當時各宗派以及一部分天台僧徒的頑迷之見，闡明弘揚禪宗已經時機到來，而且對國家興盛以及佛教興隆具有極為重要的意義。

正治元年（一一九九），因源賴朝死去，榮西到鎌倉憑弔，建立壽福禪寺，受到幕府的歸依。建仁二年（一二〇二），因幕府二代將軍源賴家的發願，而建立京都東山建仁寺，歷時三年竣工。因考慮到與比叡山的關係，而列之於下院，設真言院與止觀院，作為真言、天台、禪三宗兼修的寺院。

此後，榮西奔走於京都和鎌倉之間，為奈良東大寺的修繕以及法勝寺九層塔的重建等作出了重要的貢獻。榮西為天台密教葉上流之祖，他的禪法特色，是摻入天台以及密教的兼修禪。榮西於建保三年（一二一五）七月五日圓寂，世壽七十五。關於示寂之地，學界素有鎌倉和京都之不同見解。榮西的宗風，由弟子退耕行勇、釋圓房榮朝等在關東弘揚，京都建仁寺則由高弟佛樹房明全等承續。道元師從明全，為榮西之法孫。

至於道元是否見過榮西的問題，日本學術界一直有爭議。爭議的焦點主要有三點，其中最重要的一點是據《傳光錄》中的記載，道元去東山投明全是十八歲，即建保五年（一二一七）的八月二十五日，而此時榮西已經圓寂兩年了。不過，若依據《紀年錄》的「建保五年條」所記：

> 師十八歲，入宋念萌。於是春自建保二年徂今茲前後四年，盤旋於建仁、叡峰（中略），秋八月二十五日辭山門，駐錫於東山，親炙明公，不斯須離左右，以窮其禪源。

故而著名學者大久保道舟在其著作《道元禪師傳之研究》（京都筑摩書房，一九六六）中指出，道元自建保二年起，至建保五年迄，大約四年之間，來往於建仁和比叡山之間，與榮西相見是不容懷疑的。正是因為時有參學於榮西的緣故，才於建保五年決意離開安居了五年以上的叡峰，正式投明全門下。

另外一點是，有一部分學者認為，晚年的榮西，尤其是建保二年至三年之間，因常在關東鎌倉一帶靜養，所以與道元是不可能相見的。還有一點是，如果道元與榮西曾見過面，為什麼在道元的著作中未曾提及？對於如上疑問，大久保一一加以解釋。他也列舉了《永平廣錄》中道元為榮西忌辰的〈上堂法語〉兩則的內容：

明庵千光禪師前權僧正法印大和尚位忌辰上堂，師先學佛樹和尚，佛樹者，明庵門人也。舉，師翁問虛庵和尚，學人不思善不思惡時如何？虛庵曰：本命元辰。師翁曰：恁麼則不從今日去也。虛庵曰：若恁麼則不妨今日也。師翁禮拜。虛庵曰：面南看北斗。師良久曰：祖師本命元辰，微笑破顏一新，不假黃花翠竹，扶桑日出逢春。（第六）

千光禪師前權僧正法印大和尚位忌辰上堂，頂門開活眼，覷破佛祖淵源，肘

後帶符靈，觸折生死關鍵，（中略）且道：師翁千光和尚，即今在何處？良久曰：謾把鴛鴦閑繡出，從教人競覓盡針。（第七）

通過以上內容，大久保認為，道元在建保五年以前，應該有參問過榮西，故稱呼為「師翁」，每逢忌辰而上堂供養，以酬法乳大恩。最近，舘隆志的《園城寺公胤の研究》（東京春秋社，二〇一〇）著作中，也專門就此問題做了精密的考究，也支持道元與榮西相見說。由於篇幅關係，就不予贅述。

相對來說，道元與榮西相見之說較為有力。其實，在道元的入宋日記的《寶慶記》中，有一段道元在宋嘉定十七年（一二二四）夏安居時，向天童新住持如淨禪師奉呈的書柬記錄，其文曰：

道元幼年發菩提心，在本國訪道於諸師，聊識因果之所由。雖然如是，未明佛法僧之實歸，徒滯名相之懷標。後入千光禪師之室，初聞臨濟之宗風。今隨全法師而入炎宋，航海萬里，任幻身於波濤，遂得投和尚之法席，蓋是宿福之慶幸也。

又在虎關師鍊的《元亨釋書》中亦有：「始謁建仁明庵，庵為法器。」之記錄。其他資料如《碧山日錄》、《行狀記》、《行業記》、《洞谷記》、《建撕記》等，也有類同的記載。因此，大久保道舟認為，道元禪師離開教門、歸依禪門的第一步，即是受千光法師榮西的直接指點和啟發。

雖然道元禪與榮西的禪法有很大的不同，但是從道元禪的形成過程中來看，榮西對道元的影響確實不可忽視。可以說，道元是蒙公胤上人的推薦，下叡山，前往東山建仁寺向榮西問禪；受榮西的鉗鎚，對道元的宗教思想之轉換有其決定性的作用。

因此，筆者認為，道元在榮西圓寂以後，遂轉而師從榮西的高徒佛樹房明全，這很有可能是榮西臨終的遺囑。道元稱榮西為師翁，正是因為受業過榮西所產生的親和感，而後來隨明全入宋，也是追慕榮西兩度梯航入宋的勝蹟；而且道元所參訪的路線，基本上是追尋著榮西的足跡而進行的。

師從明全

佛樹房明全（一一八四至一二二五），伊賀國（今三重縣）出身，俗姓蘇氏（蘇我？），八歲辭別父母，上比叡山投橫川首楞嚴院椙井房明瑤（或稱明融，卒於一二二三）阿闍黎出家，學習天台、密教等；正治元年（一一九九）十一月八日在奈良東大寺戒壇院受具足戒，旋歸，又在比叡山延曆寺稟承圓頓菩薩戒。

榮西從南宋歸國，在京都和鎌倉等地舉揚禪宗，明全即慕名往東山建仁寺投於榮西門下學禪，後得榮西的印可而嗣法，成為榮西門下高足之一。

明全在哪年師從榮西？並無記錄可以查知。不過，筆者推測，大概在建久九年（一一九八）前後，即明全十五歲左右。理由是，一一九八年，榮西撰述《興禪護國論》一書，書中開章明義地說道：「參禪問道，戒律為先；既非離過防非，何以成佛作祖？」其中強調，修禪者首先必須嚴淨毗尼（vinaya，或譯為毗奈耶，意為「律」），強調遵循戒律的重要性；明全必定是有感此文，而去從師千光法師的。同時也從師處得知，在大宋禪宗叢林中，乃以受具足戒來算僧臘，故在十六歲那年往東大寺受具足戒。

當時只有南都諸宗的僧人受具足戒，北嶺比叡山僧人自傳教大師最澄以後，只受菩薩戒（圓頓戒）。榮西雖然是比叡山的僧人，但曾與笠置寺的解脫上人貞慶及高山寺明惠上人一起提倡復興戒律。明惠等在東大寺受比丘戒，榮西也應該是在東大寺戒壇院受具的。

在榮西的諸多弟子中，明全是最精通和嚴持戒律的高徒；在師蠻的《延寶傳燈錄．第六》中，評價明全為「善持木叉（全稱為波羅提木叉，為prātimokṣa之音譯，意為出家眾所守的別解脫戒），身心冰雪」的高僧。這種禪戒並重的思想後來對道元影響很大。道元在《永平眾寮箴規》中規定，「寮中之儀，應當敬遵佛祖之戒律，兼依隨大小乘之威儀。」另在《三祖行業記》中評價道元時記道：「從明全和尚，猶極顯密之奧源，習律藏之威儀，兼聞臨濟之宗風。」

明全如於十五歲從榮西學禪，共相隨了榮西十七年。後又立志追慕先師遺蹤，在師圓寂的第八年，即一二二三年攜弟子道元等入宋求法。

在道元《正法眼藏·辦道話》中說：

予自發心求法以來，於我朝諸方，尋訪知識。因見建仁全公，相隨霜華忽歷九載，聊聞臨濟家風。全公者，祖師西和尚之上足，獨正傳無上之佛法，餘輩不敢並比。

可見，道元對家師明全和尚的高度評價。在道元的眼中，師翁榮西的門下，雖有行勇、榮朝、圓琳、證救、嚴琳、源勇等眾多英傑；但是，真正瓶瀉而傳黃龍宗禪法者，唯有明全一人而已，其他人都是兼修天台、密教、禪的兼學者，不能列為真正禪人。這也是他十八歲決心投入明全的爐鞴、受其鉗鎚的真正原因。

在《明全戒牒道元自筆奧書》、《永平廣錄》、《正法眼藏隨聞記·第五》

等文獻資料中，道元稱明全為先師，或先師大和尚、先師全和尚，可見他對明全的崇敬與深厚感情。

縱觀道元一生參學的經歷，隨侍天台座主公圓以及三井寺公胤上人大概有一年或一年半，榮西約有二、三個月；跟隨明全的時間最長，約有九年之久；而參侍天童如淨約有二年半左右。

隨師入宋

據《正法眼藏隨聞記．第五》所記，貞應二年（一二二三）二月，明全與弟子道元等商議入宋求法之大事時，得聞比叡山內的受業師明融阿闍黎病危的消息，於是明全心生躊躇。道元陳詞力勸明全：師徒之情雖然重要，仍應以當下入宋求法大事為先；如能出離得道，功德殊勝，若此方能真正報答師恩，成就拔濟眾生究竟佛道之出家大願。應如大唐玄奘三藏那樣，奮勇西行，豈可為一人而裹足不前？

在道元慷慨激昂的一番言語激勵之下，明全決意，當下雖逢本師生命彌留之際，但為了求道，應珍惜光陰。遂忍著悲情，義無反顧地按原定計畫梯航入宋，前往明州天童山問道求法。

於是，在貞應二年（南宋嘉定十六年）得朝廷院宣（政府文書）與六波羅探題（幕府官職，管理京都政務）的下知狀（命令書）。現存於永平寺的寫本記曰：「建仁寺住侶明全相伴兩三之門弟，為入唐趣博多之津，西海道之路次，津津關關等事，無其煩，可令勘過。貞應二年二月廿一日右兵衛督（花押）」；「建仁寺住侶明全、道元、廓然、高照等，為渡海下向西海道，路次關關泊泊無煩，可勘過之狀如件。貞應二年二月廿一日武藏守（花押）相模守（花押）」

從上面的「下知狀」可知，與明全、道元同行者的名單中，有廓然和高照二人；但是，在道元入宋的所有記錄中從未出現過。此二者究竟何人？

據江戶時代所作的《道正庵系圖》所記載，木下家的元祖隆英曾隨同道元一起入宋，在末尾記曰：「入宋以前號廓然，歸朝以後曰道正。」由此可知，廓然便是木下道正。至於高照，則傳說為開啟「瀨戶燒」（即瀨戶窯）的加藤四郎左衛門景正。據大久保道舟的研究，認為如上之說，乃後人附會，不足為憑。廓然與高照很有可能是建仁寺的僧侶，即道元的同參，同為明全和尚的弟子。筆者認為，大久保的說法比較中肯。

於是，明全與道元一行在二月二十二日由京都出發，約在三月下旬在九州博多港起錨解纜，乘上了開往大宋國的商船。據《正法眼藏隨聞記．第五》中所記，途中在海上遇上颶風，道元又因胃腸不適，得了下痢。可見，當時西行入宋，實是艱險。終於，在四月初抵達明州慶元府，船在三江口靠岸。

明全等上陸後，先去了明州景福寺，謁見了住持妙雲，然後於五月十三日往離城約五十里外的天童山景德寺掛錫安居；可是，作為明全隨侍的道元卻只能依舊留在商船中。究其原因，從來說法多般；不過，筆者認為，主要原因應該是道元在比叡山受的是大乘菩薩戒，沒有受比丘二百五十具足戒；因此，按照當時大宋叢林的規範，沒有受過比丘戒者，不能上山隨眾安居修行。而在日本比叡山，自最澄之後，只單受梵網菩薩圓頓戒，明全則在南都東大寺補受了具足戒。好不容易到了明州的道元，只能在舟中待命，無法隨師一同上天童山修行；道元此時的處境如何難堪、心情多麼不安，可想而知。

道元在舟中滯留近三個月，其間的情狀因沒有記錄，故不知其詳。不過，道元雖然一時無法隨師前往五十里之外的天童山，對明州府城內的寺院仍應該有所考察。例如，道元在《正法眼藏．洗面》（原文為日文，下用何燕生中文翻譯的《正法眼藏》，二〇〇三，宗教文化出版社，以下引用同）中關於大宋僧人不知「嚼楊枝法」時說道：

然則，大宋國而今楊枝衰而不見。嘉定十六年癸未四月中，始於大宋見諸山諸寺。知楊枝（之僧侶）者無，朝野貴賤同不知。僧家以其不知故，若問（嚼？）楊枝法，則失色失度。可憐白法失墜！（中略）是故，天下之出家在家，其口氣皆甚臭，即便隔二三尺，說話時，口臭飄來，難以忍受。

如上文所述，可知道元在四月中抵達明州港後，有時也會上陸去近處寺院走訪，宋人已經不知從印度佛教所傳「嚼楊枝」之白法（「白法」指佛法，佛教將佛法之外的外道教法稱為「黑法」），人人口臭難聞，使道元感慨不已。明全在離開商船後，先去參訪了府城景福寺的住持妙雲（據《戒牒奥書》所記）；道元是否同行，無文字可考，但筆者以為很有可能。

明全於五月十三日上了天童山，其間應該是竭力為道元的上山之事與寺中周旋；但由於諸多原因，道元的上山遲遲不得許可，在舟中寓居竟長達三個月之久。終於，在陰曆七月初，終算等到了天童寺上山的許可。

由於道元沒有比丘戒牒，只能以菩薩戒沙彌的身分隨眾安居；加之上山遲到等的原因，在天童的僧次列位中，被列於新到新戒末席之位。據《三祖行業記》、《碧山日錄》、《建撕記》、《行業略記》、《種月南英謙宗和尚行記業》等諸種傳記所載，道元因此深感不平，向天童寺提出質疑；天童寺對此未加理會，認為這是中華禪林自古以來的祖規，以前先朝來的日本僧最澄、空海乃至道元的師翁榮西等皆一一尊奉，不得另攀新條，因而對道元的異議未加採納。為此，道元又三度上書寧宗皇帝，以求聖斷；後來，寧宗下詔天童，方使道元遂了心願云云。

天下禪林結夏安居，皆尊奉上來佛祖之儀軌，按大僧戒臘長短以及舊參新到等次第而成進退之禮度；道元名列末席，本據禪門清規而裁定。道元隨明全入宋，年雖二十四，但已在精通禪、律的明全門下參學多年，不會不諳叢林軌範，而肆意向天童住持以及班首提出抗議，更不可能為此而上書皇帝，求什麼聖斷而蓄意利用皇權來染指、彈壓法門。這類資料意在渲染道元之膽略和氣概而杜撰，卻反而弄巧成拙、貽笑大方了。先學大久保道舟已認為這些記錄實不足為史實，誠有灼見。事實上，在道元本人入宋求法記錄中也從未提到過如此這般的事情。

不過，道元的戒臘問題，的確使他不得不隻身淹留船舶之中達三月之久，無法隨師上山；到了七月之初上山之後，也只能列席末位了。

第三章　掛錫天童・得法歸日

南宋嘉定十六年（一二二三年四月）～寶慶三年（一二二七年八月）

受持此袈裟，則常恆頂戴護持。豈只是一佛二佛所修之功德哉？應已是恆河等之諸佛所修習之諸功德也。

舟中邂逅

上面言及道元因在日本未受具足戒而滯留舟中之緣由了。對於當時求道心切的道元來言，失意惆悵與焦慮不安的心情可想而知。不過，天下之事常如塞翁失馬，焉知非福。在後來道元足足三年的入宋求法歷程中，出現了一件使道元終身難忘的好事，這就是舟中邂逅了阿育王寺老典座，得以進入參禪辦道之堂奧。在道元的〈典座教訓〉中有如下一段他與老典座的對話記錄：

嘉定十六年癸未五月中，在慶元舶裡，倭使頭說話次。有一老僧來，年六十許歲，一直便到舶裡，問和客討買倭椹。山僧請他喫茶，問他所在，便是阿育王山典座也。他云：吾是西蜀人也，離鄉得四十年，今年是六十一歲。向來粗歷諸方叢林，先年權住孤雲裡，討得育王掛搭，胡亂過。然去年解夏了，充本寺典座。明日五日，一供渾無好喫，要做麵汁，未有椹在，仍特來討椹買，供養十方雲衲。

山僧問他：幾時離彼？座云：齋了。山僧云：育王去這裡有多少路？座云：三十四五里。山僧云：幾時迴寺裡去也？座云：如今買椹了便行。山僧云：今日不期相會，且在舶裡說話，豈非好結緣乎？道元供養典座禪師。座云：不可也。明日供養吾若否管，便不是了也。山僧云：寺裡何無同事者理會齋粥乎？典座一位不在，有什麼欠闕？座云：吾老年掌此職，乃耄及之辦道也，何以可讓他乎？又來時未請一夜宿假。山僧又問典座：座尊年，何不坐禪辦道？看古人話頭，煩充典座，只管作務，有甚好事？座大笑云：外國好人未了得辦道，未知得文字在。山僧聞他恁地話，忽然發慚驚心，便問他：如何是文字？如何是辦道？座云：若不蹉過問處，豈非其人也？山僧當時不會。座云：若未了得，他時後日到育王山，一番商量文字道理去在。恁地話了，便起座云：日晏了，忙去。便歸去了也。

從上面這段文字來看，道元獨自在舟中，五月中旬遇見了特來購買「倭椹」的阿育王寺的老典座，道元便向老典座請教。這次邂逅，對於初到宋國留學的道元來說，具有至關重要的意義。

正因為如此，道元在歸國後的天福元年（一二三三）於京都伏見深草開創了觀音導利興聖寶林禪寺，嘉禎二年（一二三六）秋將佛殿、法堂、僧堂修建完成後，在開堂時以撰述了〈典座教訓〉來示眾說法。典座是禪宗寺院中掌管僧侶炊事的職位，用現在通俗的話來講就是掌勺的主廚。道元在〈典座教訓〉一書中開門見山地說：

佛教從本有六知事，共為佛子，同作佛事。就中典座一職，是掌眾僧之辦食。《禪苑清規》云：供養眾僧，故有典座。

又接著對擔任此職的僧侶有所評價：「從古道心之師僧，發心之高士。」

上文中的阿育王寺的老典座為了作麵食供養寺僧，因熬湯料而來到日本商船買些「倭椹」。「倭椹」或為桑椹，即桑果乾，也有可能是指木耳或香菇之類的乾貨。老典座與道元匆匆地不期而遇，因法務在身，故未能與道元仔細攀談。而對於道元來說，典座是他到宋國慶元府後，遇上的第一位來自禪林五山寺院的僧人；因此，他很想好好供養這位年高的典座和尚，並懇切地請求指導。

他問典座，你如此年高，為什麼不去坐禪辦道，卻去從事買菜做飯的雜務？不料，典座聞之大笑，說道元尚未知辦道，也不知文字。這使得道元聽了大吃一驚，並大惑不解。這是他入宋求道期間，最有感觸的事情之一。

到了七月上旬（七月十五日夏安居解制之前），道元入天童時，阿育王寺老典座特來相見，總算得以請教如何才是「辦道與文字」。在〈典座教訓〉中，道元寫道：

同年七月，山僧掛錫天童時，彼典座來得相見云：解夏了退典座歸鄉去。適聞兄弟說老子在箇裡，如何不來相見。山僧喜踴感激，接他說話之次，說來前日在舶裡，文字辦道之因緣。典座云：學文字者，為知文字之故也；務辦道者，要肯辦道故也。山僧問他：如何是文字？座云：一二三四五。又問：如何是辦道？座云：偏界不曾藏。其餘說話，雖有多般，今所不錄也。山僧聊知文字了辦道，乃彼典座之大恩也。向來一段事，說似先師全公，公甚隨喜而已。

道元在商船中滯留到七月，總算上了天童，時節已接近解夏了。五月中在舟中邂逅的育王老典座，偶從寺僧口中得知道元在天童，特來相見，並告訴道元，解夏後便辭退了典座之職，打算回西蜀老家去，因此來天童與道元道別。道元得以重見老典座，歡喜不盡，於是接續了前次在船中所提到、卻未及解明的「文字與辦道」之話題。

典座便向道元解答了學文字以及務辦道的機要。說「學文字」乃知

「一二三四五」之相續；「務辦道」則當知曉道無不充滿法界之中，而任運在日用之中的道理，即所謂「觸目即道」，即為「偏界不曾藏」之普遍存在與宛然相顯的諸法實相。道元聞之，大有省悟；之後將這段話語告訴明全，明全也隨喜不已。

回味老典座如上這段話，也是禪門有尚之古訓，為何讓道元如此感銘不盡？筆者以為，南宋時代的禪家，對「文字」的理解，往往認為文字乃障道因緣；解得文字，未必可明直指人心、即心是佛的禪法宗旨。而老典座則解答為文字與辦道乃是一如相承的，學文字乃知「一二三四五」不相混雜而又互相含攝的妙理，即「一」不可能直接導出「三」，須以「二」來相連而成；如此類推，乃成文字之奧義。而且，「一」既是獨立的「一」，同時也是構成「二、三、四、五」的「一」，彼此皆存在著不可分割的連續性和相入意義。

這種對文字（數字）的解釋很有深度，恰如華嚴宗法藏以「十錢」為例所開示的萬法相成相攝之道；而道本虛沖於法界，未曾隱藏，唯在吾人之見與不見而已。道元初到宋地，得見如此悟道老典座，知「解證」（修證）一等之道理，實是法緣深厚，難怪道元要從內心感激老典座的大恩了。

其實，在禪門中，以「一二三四五」等數字來問答的，最有名的要算《趙州錄》中，趙州從諗（七七八至八九七）與南泉普願（七四八至八三五）的一段公案，雖然道元在此並未言及。其文如下：

師在南泉井樓上打水次，見南泉過，便抱柱懸卻腳，云：相救！相救！南泉上栩梯云：一二三四五。師少時間，卻去禮謝云：適來謝和尚相救。

上面這段公案，也說明了文字以及學道恰如下扶梯一般，須一節、二節、三節順序而下；它既有各階段的獨立性，也有密切相關的連續性。

道元後來讀雪竇重顯（九八〇至一〇五二）的《雪竇頌古》，更有了一層體悟。他在〈典座教訓〉中說道：

山僧後看雪竇有頌示僧云：「一字七字三五字，萬像窮來不為據；夜深月白下滄溟，搜得驪珠有多許。」前年彼典座所云，與今日雪竇所示，自相符合。

彌知彼典座是真道人也。然則，從來所看之文字，是一二三四五也；今日所看文字，亦六七八九十也。後來兄弟，從這頭看了那頭，從那頭看了這頭，作恁功夫，便了得文字上一味禪去也。若不如是，被諸方五味禪之毒，排辦僧食，未能得好手也。

雪竇重顯是禪宗五家之一的雲門宗高僧，為智門光祚（或為九五〇至一〇三〇）的法嗣；活躍於奉化雪竇山資聖寺，以詩文鳴於世。集先哲公案百則，以詩頌形式而作成《雪竇頌古》；後來圜悟克勤（一〇六三至一一三五）所著《碧巖錄》十卷即依《雪竇頌古》而為提唱，並加以垂示、著語、評唱而成。此處所言的詩頌四句，乃是雪竇的詩文集《祖英集．卷下．答忠禪者》的內容。道元在比叡山修行時的疑團，透過在中國宋朝的參學，已漸漸得以化解了。

無獨有偶，道元在天童修學時，又遇上本地出身的六十八高齡之用典座，這對道元的實踐思想頗有影響。〈典座教訓〉中記道：

山僧在天童時，本府用典座充職。予因齋罷，過東廊赴超然齋之路次，典座在佛殿前晒苔。手攜竹杖，頭無片笠。天日熱，地磚熱，汗流徘徊，勵力晒苔，稍見辛苦。背骨如弓，龍眉似鶴。山僧近前，便問：典座法壽？座云：六十八歲。山僧云：如何不使行者、人工？座云：他不是吾。山僧云：老人家如法，天日且恁熱，如何恁地？座云：更待何時？山僧便休。步廊腳下，潛覺此職之機要矣。

上面這段文字，如實地記錄了道元在天童寺修行時的一段親身經歷。道元目睹老典座在炎日天下，認真晒苔，便有了如上三問三答，而用典座對每個提問只用了四個字。「他不是吾」一答，說明修行必須躬行，直下承當，如自食自飽相似。「更待何時」一答，則點明了光陰可惜、不可空過的修行要諦。這讓年輕的留學求道僧道元無語，深為感銘。

道元回國後所建立的道場，特別是越前永平寺，對典座一職尤為重視，認為以僧食為辦道，為修行之要道。當然，對於其他的知事之職，也同樣重要，道元意在舉一反三，勉勵共進。

天童修行

如上所述，道元自七月上天童，與其師明全等一同潛心修行。當時的住持是臨濟宗大慧派，即大慧宗杲（一〇八九至一一六三）的法孫、佛照禪師拙庵德光（一一二一至一二〇三）之法嗣無際了派（一一四九至一二二四）。若論法脈，了派可以算是達磨宗大日能忍的法兄。從《正法眼藏》等記載可知，入山後的明全和道元等外國留學僧皆在天童第三十世無際了派門下受誨。

無際了派，俗姓張，紹興十九年（一一四九）生於建安。二十四歲受具後，參侍天童密庵咸傑（一一一八至一一八六）禪師；密庵在天童圓寂後，了派投阿育王寺德光門下，印可得法。慶元四年（一一九八）初任常州保安寺住持。據佐藤秀孝的研究，了派出任天童寺住持的時間，大概是嘉定十三年（一二二〇）之後，道元在嘉定十六年到天童修行時，了派已經是七十五歲高齡，當時正是大慧派最興盛的時候，了派可說是名重一世的尊宿。

明全與道元等在了然寮內掛搭。七月五日，明全與剛剛上山不久的道元在天童寺為先師千光法師榮西舉辦圓寂十年忌法會，供千僧齋。榮西圓寂於一二一五年七月二日；如果是十年忌，應該是第二年的一二二四年為妥。但是，了派於一二二四年四月夏安居前便遷化了；如果是由了派為法會主法的話，在一二二三年七月初則比較自然些。

也許正是為了趕上師翁的法忌，道元方能於七月初得以上山。道元在了派會下學道，作為修行僧於僧堂中學習起居進退法儀等。如在《正法眼藏．傳衣》中記錄了當時在僧堂安居時開靜曉天坐禪時搭袈裟時的情景：

予往昔在宋，於長連床（作）功夫時，見齊肩之鄰單，每曉開靜時，捧袈裟而安置於頂上，合掌恭敬，默誦一偈。時予作未曾見之感，歡喜溢身，不禁感淚潤襟。披閱《阿含經》時，雖曾見其頂戴袈裟之文，然不分曉（其意）。而今親見，竊思在鄉土時，可憐無授教之師匠，亦不逢談論之善友；可惜多少光陰徒過，豈不悲乎？而今見聞之，當喜宿善！若亂於本國之諸寺並肩（修行），爭得與正著佛衣之僧寶鄰肩哉？悲喜非一片，感淚千萬行！時暗發願：吾雖何等之不肖，然憐鄉土之眾生，正傳佛法之正嫡，令見聞佛佛正傳之法衣。

如上一段文字，道元記錄了在天童寺禪堂中修行時，看到同參者，將袈裟放置頭頂，合掌；並聽到在搭袈裟時和聲輕念「大哉解脫衣，無相福田衣；披奉如來教，廣度諸眾生」之時，感淚沾襟的難忘場面。日本曹洞宗各大寺院，特別是大本山永平寺特別僧堂內，依舊保持著這個歷史悠久的傳統。

道元後來在撰述《正法眼藏．袈裟功德》時，開門見山地說道：

佛佛祖祖正傳之衣法，確正傳於震旦國者，唯嵩岳之高祖也。高祖者，釋迦牟尼以來第二十八代之祖也。西天二十八傳，嫡嫡相傳。二十八祖親到震旦而為初祖。震旦國人五傳，至曹溪，乃三十三代之祖也，此稱六祖。第三十三代之祖大鑒禪師，於黃梅山，夜半正傳衣法，一生護持，至今尚安置在曹溪山寶林寺。（中略）袈裟者，自古稱解脫服；業障、煩惱障、報障等，皆可解脫也。龍若得一縷，則免三熱；牛若得一角，其罪自消滅。諸佛成道時，必著袈裟。當知其是最尊，最上之功德也！誠哉！我等生於邊地，適逢末法，雖當怨恨，然遇佛佛嫡嫡相承之衣法，何等慶幸！（中略）受持此袈裟，則常恆頂戴護持。豈只是一佛二佛所修之功德哉？應已是恆河等之諸佛所修習之諸功德也。

道元對一領袈裟的理解，實在是超乎常人，他把身上的袈裟的功德與佛陀及禪宗歷代祖師貫穿一體。所謂六代相傳到惠能的達磨祖衣，在中國禪宗傳統裡，只是一種表信之物，達磨所傳的心法才具有真正的神聖意義；但是，在道元看來，袈裟便是佛祖命脈所在，他發願生生世世值遇頂戴，恭敬供養。因此，在一聽到搭袈裟偈時，不由自主地淚流滿面。道元是一個絕對出家主義者，而袈裟便是此種信條的絕對象徵。

筆者於二〇〇一年三月二十九日上永平寺安居，每天在僧堂念誦此偈；雖也明知此物之神聖意義所在，但終未嘗為此落淚，可見與祖師道元的體會實在差之遠甚，深為慚愧。道元的精神世界，吾輩凡夫豈能當下領會得了！

除了對搭袈裟的感通之外，道元在天童時，還非常感動地看到一位西川（四川）出身、穿著紙衣苦修的僧人，以及一位名喚道如、原是宰相之子的書記僧。道元的性格很是清遠孤高，不喜歡豪族和權貴，特別崇尚如荷衣木食之唐代大梅法常禪師那般在深山隱居的苦行僧。在當時南宋官方佛教的五山官寺之中，自然有很多亂象出現，常讓道元不甚稱意。道元本是貴族出身，他對權貴豪富階級有著一種獨特的愛憎情結；這種情態感觸，在他的著述中屢見不鮮。

道元在天童大叢林中，六時隨眾修行，自然受益匪淺；其間，他尤其對禪宗五家師資相承的嗣書（傳法的證明書）抱有極大的興趣。但是，嗣書是禪門室內的重寶，向來祕藏而不輕易示人之目。道元只是來自落後的邊地小國、年方二十四歲的年輕留學僧，要得見宗門嗣書實是一件不太容易的事情；但是，道元還是千方百計、煞費苦心地求看各家各派的嗣書。在《正法眼藏．嗣書》

中對此所記甚詳：

道元在宋時，得受禮拜嗣書，見得多般嗣書。其中，有謂惟一西堂者，掛錫天童，越上之人事也。（中略）見攜來者，即嗣書也。是法眼下之嗣書，從老宿之衣鉢中所得，非惟一長老之嗣書也。（中略）宗月長老充天童首座之職時，向道元見示雲門下之嗣書。（中略）又，龍門佛眼禪師清遠和尚之遠孫中，有云傳藏主者。（中略）嘉定十六年癸未秋，道元初掛錫於天童，隆禪上座懇請傳藏主見示嗣書於道元。其嗣書之樣式者，即自七佛之後至臨濟，並列四十五祖，而自臨濟之後之諸師者，則各作一圓相。（中略）臨濟之嗣書者，先書其名字，或寫「某甲子參吾」，或寫「入吾堂奧」，或寫「來吾會下」，如序而列記前代（之師祖）也。彼亦聊有來歷。謂其宗旨者，即嗣法不關終與始，只為相見於真善知識，以為的的之宗旨也。臨濟（之嗣書中），亦有書寫如是者，以親見而記之：了派藏主者，威武人也，今吾子也。德光參侍徑山杲和尚，徑山嗣夾山勤，勤嗣楊岐演，演嗣海會端，端嗣楊岐會，會嗣慈明圓，圓嗣汾陽照，照嗣山念，念嗣風穴沼，沼嗣南院顒，顒嗣興化奘，奘是臨濟高祖之長嫡也。此乃阿育王山佛照禪師德光書與（了）派無際（之嗣書）也，（了派）住持天童時，小師僧智庚悄悄拿來，於了然寮見示道元。時為大宋嘉定十七年甲申正月二十一日。始見之，不勝歡喜。乃佛祖之冥感也！（遂）燒香、禮拜、披覽。

請出此嗣書者，是去年七月頃，都寺師廣於寂光堂與道元語。道元因問都寺：「如今誰人持帶之？」都寺曰：「堂頭老漢那裡相似有。日後若懇請出示，定會示見。」道元自聞是言，志求（披閱）之心，日月不休。是故，今年懇請小師僧智庚捨一片赤心而請得也。其布料者，為白絹，書於背面，表紙是赤錦也，軸是玉也。長九尺許，闊七尺餘也。（謂）不示與閒人。道元即謝智庚。更即時參堂頭，燒香禮謝無際和尚。時無際曰：「這一段事，少得見知；如今老兄知得，便是學道之實歸也。」時道元不勝喜感！

從上面這段道元的記錄裡，可知他在天童寺中，通過各種人事關係和方法，終於得見夢寐以求之各派的法卷嗣書；也可以在此看出，當時雲門宗與法眼宗等宗風已經式微，而臨濟宗的大慧派以及楊岐派（虎丘派）等風靡天下。道元首先通過日本僧隆禪的關係，看到了傳藏主的楊岐派佛眼清遠（一〇六七至一一二〇）下的嗣書。

當時在天童寺修行的日本僧隆禪（生卒年不詳），一般都認為是榮西的大弟子退耕行勇（一一六三至一二四一）的弟子。從法系上來看，隆禪是榮西的法孫，與道元是同門異師的法兄弟關係。從道元的記述可知，隆禪比明全和道元要早八年到天童，即在一二一五年（寧宗皇帝嘉定八年）前後，到達天童寺，榮西便於是年圓寂。

隆禪後來成為高野山金剛三昧院的第二代住持，第一代是退耕行勇。此寺是在日本建曆元年（一二一一）由號稱尼將軍的北條政子（一一五七至一二二五）迎請榮西開創的，成為傳揚台密十三流之一的葉上流密教的重要道場之一。

隆禪在天童寺學禪的情況，由於資料不足，不得其詳；幸好，這裡為道元提供閱覽嗣書而得知其一絲線索。可以推想，明全與道元等是通過先到天童的隆禪那裡，得以了解大宋國的宗教以及天童寺內的實際情況，對明全與道元的入宋乃至在天童學禪時，隆禪發揮了至關重要的指南性作用，並一起籌備和操辦了榮西圓寂十週年的大法會。此外，道元又經由住持了派禪師側近的智庾小師得以親見大慧派的嗣書，並對此做了詳細抄錄。由於感激無量，還特去無際了派方丈處妙高臺前燒香禮拜，由此得到了無際和尚的勉勵。

道元如此熱衷於禪門的法卷嗣書，一者可以說明，道元對正傳的佛法（禪宗），即由釋迦到達磨、乃至傳到各派祖師的法物，懷有無限憧憬與崇仰的心情；二者也可以反映出，當時從來自日本或高麗的入宋僧之求法動機，乃是為了能得到五山叢林大德尊宿的印可，並最終能得到一卷傳法嗣書，以便回國之後建立法幢，弘揚禪法。

道元出山雲遊的時間，一般認為在嘉定十七年，即一二二四年。不過，從古寫本《建撕記》中所記的問答來看，好像是在嘉定十六年初秋，即夏安居結束之後。但是，這似乎不太可能；因為，道元這一年的七月初剛上山，不會住不到半個月便出訪遠遊。其間，最多是有緣去了鄮峰阿育王山廣利寺，在那裡瞻仰了佛舍利，欲參觀西廊牆壁上所刻的「西天東地三十三祖」的變相圖等勝蹟而已。《正法眼藏．佛性》中道元記錄可以證實：「予往昔雲遊時，至大宋國。嘉定十六年癸未秋，始到阿育王山廣利禪寺，見西廊壁間有西天東地三十三祖之變相，當時未領覽。後於寶慶元年乙酉安居中再至（中略）。」

因此，綜合至今為止的研究成果，可以推測，道元的第一次雲遊，應該是要到嘉定十六年的初冬，即是年十月至翌年一月，大概三個月前後。因為，據《正法眼藏．袈裟功德》所記：「大宋嘉定十七年癸未十月中，有高麗僧二人來慶元府，一人名智玄，一人名景雲。」道元由水路小白河坐船出天童到明州港時，曾邂逅高麗國來的二僧。不過，干支癸未是嘉定十六年，十七年是甲申年，所以可知「十七年」為筆誤，應是十六年冬。

寧波古代是水城，河川如織。道元拿了天童寺的符（證明書），步行過了天童村，到小白河坐船去府城，再到府衙得了官許（過關通行證），然後再乘舟沿著姚江，過了余姚、上虞，再由曹娥江到蕭山，前往臨安府杭州以及徑山；如果走得快，行程大概也需十日許，慢行則需半月。道元很可能是先在杭州走訪了靈隱寺、天竺寺、淨慈寺等名山，並去了臨安府都稅務走訪了修職郎監虞樗（生卒年不詳），求他為師翁榮西的祠堂撰寫一文；虞樗於寶慶元年（一二二五）八月九日如約寫就了〈日本國千光法師祠堂記〉。

最後參訪了禪宗五山（餘杭徑山萬壽寺、杭州靈隱寺、杭州淨慈寺、寧波天童寺、寧波阿育王寺）第一的臨安府餘杭縣的徑山興聖萬壽寺。在徑山的明月堂（妙喜庵），道元參見了與無際了派同門的大慧派一代名僧佛心禪師浙翁如琰（一一五一至一二二五），《明州本建撕記》裡記載了琰老與道元的酬答。如琰問道元：幾時到此間？道元回答說：客歲四月。由此可推知，時應為嘉定十七年正月之初。如前所記，十七年正月二十一日，道元在天童得以拜觀到了派的嗣書；因此，道元下了徑山後，便於正月中旬回到了天童山。

在徑山的羅漢堂前，遇到一位名喚老璡的奇僧，告訴道元：大宋國裡，目下有淨慈如淨和尚，獨具道眼，可為汝師，如去相見，必釋所疑。國中雖多有知識，獨有如淨和尚乃明眼宗匠；欲學佛法，必去淨和尚會下參究，必有所得。

依《洞谷記．行業略記》所載：

> 於時，徑山羅漢殿前有老人。告曰：大宋國裡淨慈淨老具道眼者，汝見必釋所疑，為汝師。歸雖聞誨勵，未遑參學，將及一年。

道元得以聞知如淨之名，乃是宿世勝因。因此，江戶中期的曹洞宗高僧面山瑞方（一六八三至一七六九）的《訂補建撕記．卷上》說：此璡公必為羅漢應現。

也許是道元歸往天童山期限在即，未及再次前往淨慈拜見如淨。道元第二次雲遊的地點，據《正法眼藏・嗣書》所記為「寶慶時道元雲遊台山、雁山」，好像是台州天台山和溫州北雁蕩山的諸寺。時間一般都認為在一二二四年（嘉定十七年）秋至在理宗皇帝寶慶元年（一二二五）春，夏安居之前。

不過，筆者認為，很有可能是一二二四年的一月底、或二月初至三月底、乃至於四月初。因為，一者，台州和溫州位於明州的南方，相距不是很遠，水路交通十分便利，無須花太多時間。

二者，道元的師父明全此時在天童了然寮，已經身體虛弱，不宜出山，只能委託道元代為尋訪名山；所以，道元應該用一、兩個月左右完成參訪之旅。道元於日本仁治二年（一二四一）三月二十七日在興聖寶林寺撰述《正法眼藏・嗣書》，時已隔十七年之久，在記憶上難免有所忘失。

三者，天童寺了派禪師於四月初圓寂，四月十五日夏安居開始，道元必須在安居之前返回天童寺；這次參訪之行是否去了江心山龍翔禪寺，由於沒有史料記錄，不得而知。不過，龍翔寺是南宋禪宗十剎（杭州中天竺寺、湖州道場寺、溫州江心（龍翔）寺、金華雙林寺、寧波雪竇寺、台州國清寺、福州雪峰寺、建康〔今南京〕靈谷寺、蘇州萬壽寺、蘇州虎丘寺）之一、排第六位的名寺，又是曹洞宗真歇清了（一〇八八至一一五一）開創的禪寺（原為律寺），道元想必登臨過。

道元雲遊的足跡，基本上是沿著榮西的祖蹟而進行的。天台山的平田萬年報恩光孝禪寺，曾是榮西禪師最初參侍過黃龍派虛庵懷敞禪師的勝地，乃是唐代百丈懷海禪師（七四九至八一四）的弟子平田普岸禪師（七七〇至八四三）開創的禪剎，榮西曾在那裡施財修復過山門以及西廡（西迴廊）。參拜天台祖蹟乃是明全和道元的夙願。除了平田萬年寺之外，道元還拜訪了天台大師智顗（五三八至五九七）的國清寺，以及羅漢應現的聖地天台石樑等名勝和古蹟。在萬年寺欣遇住持元鼐（生卒年不詳），道元對當時相見元鼐的情形，在《正法眼藏．嗣書》中記之如下：

次至平田萬年寺，時之住持者，福州元鼒和尚也。宗鑒長老退院後，鼒和尚補之，叢林法席為之一興。寒暄之次，遂往來問答往昔佛祖之家風，及舉大溈、仰山嗣法之話。長老則曰：「曾看過我這裡嗣書也否？」道元曰：「如何得看？」長老即自起立，捧嗣書曰：「這箇者，雖是親人，縱是經歷侍僧之年，然亦不使看之，此即佛祖之法訓也。然則，元鼒尋常出往都城，為見知府。在城時，感一夢，謂有似大梅法常禪師之高僧，插梅花一枝曰：若已是越船舷之人，則不惜與此花。然則，不經五日，與老兄相見。況乎老兄已是船舷跨來，此嗣書又是書於梅花之綾。當是大梅之所教也！因與夢相符合，故取出之。老兄不向吾求嗣法乎？若求，亦當不惜。」

道元聞之言，不由感激而不知所措，於是接著又記道：

雖請得嗣書，唯燒香禮拜，恭敬供養也。時有燒香侍者法寧者，謂始見嗣書。道元竊思維：此一段事，實非佛祖之冥資，則尚難見聞也。邊地之愚人，有何之幸而數番見之？感淚沾袖。時維摩室、大捨堂等，則閑闃無人。此嗣書者，書於白色之落地梅綾，長九寸餘，闊一尋餘，軸子是黃玉，表紙是錦緞。

道元在平田萬年寺得到了新住持元鼒的厚遇，而且還給道元呈示了自己的嗣書，並說了與道元相遇之前，先在城裡得唐代大梅法常禪師靈夢啟示的一段感應道交的經過，元鼒因此非常願意收道元作為法子，傳授嗣書。這讓道元受寵若驚，不勝感激涕零！也許，道元認為時節因緣尚未成熟，於是婉言辭謝，然後燒香禮拜，細細拜觀了這卷不輕易示人的嗣書。道元將禪門相承的嗣書，視之為無上神聖的法寶；所以，他謙稱自己乃是來自小國邊地的愚人，豈敢恣意妄得佛祖之大法！

道元在《正法眼藏．嗣書》中又接著說：

道元自台山返天童之路中，宿於大梅山護聖寺之旦過（寮）。夢感大梅祖師來授與已開花之梅花一枝。祖師之鑒，最有仰憑也。其一枝花，縱橫一尺餘。梅花焉非優曇花乎？夢中與覺中，同為真實。道元在宋期間，歸國之後，未曾與人語之。

由上可知，道元的大梅山之行，是台山歸天童的途次。天台山參拜後，道元還去了台州黃巖縣的小翠巖，拜謁了大慧派名僧盤山思卓（生卒年不詳）禪師。據《建撕記》中記錄了道元與思卓的問答：「（師）即問：如何是佛？卓曰：殿裡底。師曰：既是殿裡底，為甚遍河沙？卓曰：遍河沙。師曰：話墮了。」盤山思卓是大慧宗杲弟子無用淨全（一一三七至一二〇七）的法嗣；無用淨全與拙庵德光是同門，思卓與了派則是同輩法兄弟。可見，道元在未見如淨之前，參訪的幾乎都是大慧派禪德。據記載，道元此時還去參過同是無用淨全之法子的台州報恩寺笑翁妙堪（一一七七至一二四八）禪師。思卓當時住持的小翠巖應是黃巖瑞巖淨土禪院，那是後來如淨也曾經住持過的禪院之一。

在中國唐代禪宗祖師之中，道元對大梅法常（七五二至八三九）禪師尤為推崇，尊之為「古佛」。他在大梅山的旦過寮（初參衲子初次掛單之宿寮）中宿夜，夢見了與萬年寺元鼒一樣所夢見的大梅禪師，並親得大梅所授盛開了的一枝梅花，暗合了前日元鼒的話語。

在此，道元認為夢與覺都是真實（實相）；這種對「夢」的解釋，可謂與眾不同。一般而言，佛教把現象世界都說成是虛幻不實的空夢，而從現象夢幻中得以悟徹佛法的真諦；但是，道元認為「夢中」之事與「覺中」之理，都是平等不二的真實相。尤其是在特定場合下所得的「靈夢」，道元認為不只是一種虛妄的現象而已；而是在正信作用之下，與佛佛祖祖處於同一「三昧力」中的真實感悟與體得。因為與「佛會祖席」同一住處中，故具有永恆無盡的時效力，這是道元所感悟之「存在與時間」（借用德國哲學家海德格〔Martin Heidegger〕之名著用語）的哲學內涵。

因此，道元認為這大梅親授梅花的靈夢，與元鼒所得的靈夢，都是修道者本心真性的煥發，與「覺中」乃為同一實相。在《正法眼藏．夢中說夢》中道元說道：

> 此夢中說夢處，是佛祖之國也，是佛祖之會也。佛國佛會，祖道祖席者，即證上之證，夢中說夢也。逢此道取、說取而不可無佛會，此是佛轉法輪也。

以此法輪十方八面，故大海、須彌、國土，皆諸佛現成，是即諸夢已前之夢中說夢也。遍界之彌露者，夢也。此夢則是明明之百草也，正當擬著即是也，紛紜之正當即是也。此時，「夢」亦是草，「中」亦是草也。（如是）參學之，則根、莖、枝、葉，花、果、光、色，共是大夢，然不得誤作夢然也。（中略）參學而今之佛說，須究盡諸佛之佛會，此非比喻。諸佛之妙法者，只唯佛之與佛故，夢、覺之諸法，皆是實相也。有覺中之發心、修行、菩提、涅槃，有夢裡之發心、修行、菩提、涅槃；夢、覺各是實相，非大小，非勝劣。

可以說，這是道元的本證妙修思想裡一種頗具特色的解析方式。

眾所周知，大梅法常禪師是江西洪州馬祖道一（七〇九至七八八）的法嗣；在馬祖門下，以「即心是佛」話頭開悟後，往明州大梅山隱居，過著松食荷衣的生活。這種孤高超然、枯淡自在的修行方法與禪風，對道元產生極為巨大的影響。因此，可以說，道元的禪學思想，有追崇宋代之前的禪法、即唐代禪的特徵。

道元歸返天童後，住持了派於四月初圓寂，世壽七十六。了派的遷化，使道元很是心灰意冷，感到在大宋國再無明眼之師可依止了，一時有了歸國的想法。但是，道元此時卻不知，了派臨終之前，寫好了遺書，恭請在杭州淨慈寺的如淨來繼其後席；道元的正師，不久後便會在天童與他相見。

道元的第三次雲遊，沒有明確的記錄，很可能在了派滅度後、或者是這一年的夏安居之後，時間應該比較短。從方向上來看，應是渡海去了南海觀音道場普陀山，有道元的漢詩為證：

潮音霹靂斷崖下，湧現分明自在顏；
至者誰量功德海，只回望眼見青山。

這是道元佇立在潮音洞前，看到海濤洶湧、陣陣衝擊斷崖下之巖洞，發出轟然霹靂之響聲時，即興吟出的詩篇；特別是「湧現分明自在顏」一句，可知道元在洞壁上清楚地看見了觀世音菩薩應化尊像。筆者也曾數十次朝拜過普陀名山，數次到了潮音洞、梵音洞等處，一心祈求拜見尊顏；遺憾的是，一次也沒看到觀世音菩薩現靈應化！道元對觀音懷有很深厚的信仰，在《正法眼藏·觀音》中說道：

今所道取之大悲菩薩者，即觀音菩薩也，亦謂觀自在菩薩。諸佛之父母亦尚參學，且莫學其較之諸佛亦未得道，「過去正法明如來」也。

這是道元於仁治三年四月二十六日在寶林寺中的對大眾開示的一段。道元去普陀山朝山的資料甚是不足；但是，藉由上述的漢詩一首，可以略知其雲遊的雪泥鴻爪。

普陀山是浙江舟山群島中的一座小漁島，對面有座稱為洛迦山（全名為補怛洛伽山，為Potalaka之音譯，相傳為觀音菩薩修行之道場）之小島，其狀恰如觀音臥之海上，相傳是南海觀世音菩薩之住處。現在為中國佛教四大名山之一（其他三座名山為文殊菩薩道場的山西五臺山、普賢菩薩道場的四川峨嵋山、地藏菩薩道場的安徽九華山），是海內外廣大善男信女們最為神往的佛教聖地之一。

南宋志磐（生卒年不詳）所撰《佛祖統記》中記載，唐大中十二年（八五八），日本留學僧慧鍔（日本平安初期，生卒年不詳）攜著從五臺山所請觀音尊像，由明州（寧波）港乘船歸國。舟行至海上一島前，白浪乍起，海面上湧出鐵蓮花數百，船一時無法航行。慧鍔不由大為驚訝，心中暗想：莫非是這尊觀音菩薩不願去海東扶桑之地？不如將此留在島上供養。少頃，海浪頓息，慧鍔便抵岸上島；島上漁民張氏見聞此景，極為感動，遂發心捨宅為佛院，供奉觀音像。這座小庵以此因緣，故名喚「不肯去觀音院」，這是南海普陀觀音道場最初的寺院。

日本僧慧鍔可以說是開山祖師。道元擇道特往參拜，一者是本國法師開創之緣起，二者因觀音信仰到了趙宋始大盛於世。

筆者推測，道元是在朝拜觀音道場的途中，聽聞如淨禪師奉詔由淨慈轉住天童，成為第三十一代住持的消息；加上之前在徑山羅漢堂前奇遇寺僧老璡，向他推薦如淨禪師，道元便興沖沖地趕回天童山。

一二二四年夏安居之前，天童第三十代住持無際了派以世壽七十六的高齡圓寂。道元在夏安居前，回到山中，應該與山內大眾共修了無際了派的喪禮、荼毗、入塔等法會，也隨眾如法度過了三個月的安居生活。

據道元在宋的諸資料可知，道元與如淨的初相見是第二年，即寶慶元年（一二二五）的五月一日。因此，一般認為，道元在嘉定十七年秋，即如淨由杭州淨慈轉住天童時，恰好道元出山雲遊去了，所以未能相遇。

不過，筆者認為，道元自嘉定十七年夏安居前已經完成了諸山的雲遊，一直在山內修行。道元知道如淨將晉山入院，之前又有老璡對如淨的推崇話語，因而不會選擇這段時間去雲遊；而且，從雲遊時間從秋季直到第二年夏安居為止，時間似乎過長了。

那麼，為何相隔如此長的時間，才得以相見呢？筆者推敲，有可能是因為，那時如淨在淨慈的法務還沒有完全移交完畢，雖然接受了住持天童的詔令，卻沒有馬上入居天童，而在杭州與明州之間往來，天童的法務等由諸班首長老一時代行；即便到了歲末正式移住天童，作為天童一千五百餘名修行僧之一的道元，也一時難得有與新住持如淨相見酬答的機緣。所以，一直等到寶慶元年夏安居時，才喜得初次正式拜見的好緣。

據道元在仁治三年（一二四二）《正法眼藏．行持．卷下》中記載：

先師天童和尚，越上之人事也。十九歲棄教學而參學，及七旬亦尚不退也。

所謂「越上之人事」者，指如淨是越州人，即今紹興周邊出身。據江戶時代面山瑞方（一六八三至一七六九）的《如淨祖師行錄》所記，如淨在宋紹定元年（一二二八）七月十七日圓寂，世壽六十六。但是，據佐藤秀孝的研究，認為如淨滅度於寶慶三年（一二二七）七月十七日，於天童寺涅槃堂內第一回面對嗣法師父雪竇智鑑（一一〇五至一一九二），一邊抽泣、一邊焚燒嗣承香（報恩香）後，溘然而逝。此時道元剛從明州港起錨，在歸國途中。

佐藤是根據臨濟宗無準師範（佛鑑禪師，一一七七至一二四九）的《佛鑑禪師語錄·阿育王山廣利禪寺語錄》的記錄中說，是年得到了如淨的遺書，而得出的結論。此外，古寫本《建撕記》、《越前寶慶由緒記》等已有相同的記載。據《如淨語錄》中所記如淨遺偈，在世六十六年，可推算如淨出生於紹興三十二年，即一一六二年。因此，道元的「七旬」之說，略顯誇張些了。

如淨何時出家，不得而知。道元從如淨的示眾的話語中得知，如淨十九歲時，始放棄教宗而趣歸禪門；可知如淨出家很早，而且先是在四明之地，即越州、明州周邊研習天台教。從十九歲起參遍叢林諸多尊宿，到嘉定三年（一二一〇），四十八歲時，在建康府（今南京）石頭山清涼寺初轉法輪時，已經足足參學了三十年。《天童如淨語錄》呂瀟的〈序文〉中寫道：

始以「竹篦子」久知痛癢，後因一滴水漸至澎衝。

可知，如淨最初所參的是「竹篦子」的公案。此公案原是五代時期臨濟下五世孫風穴延沼（八九六至九七二）的法嗣汝州首山省念（九二六至九九三）

接引參學僧歸省的古則，故稱「首山竹篦」。宋李遵勗編集的《天聖廣燈錄》（天聖年間編，景祐三年完成）卷十六中記道：

汝州葉縣廣教院賜紫歸省禪師（中略）後遊南方，參見汝州省念禪師。師見來，豎起竹篦子云：不得喚作竹篦子，喚作竹篦子即觸，不喚作竹篦子即背，喚作什麼？師近前掣得，擲向階下云：在什麼處？念云：瞎！師言下大悟。不離左右，執侍巾瓶經於數載。

由上可知，如淨最初在楊岐派下的諸尊宿下參究，然後在傳承曹洞一滴法水的雪竇山資聖寺足庵智鑑下證道嗣法。當時，曹洞宗與臨濟宗相比較，是相對弱小的宗派。臨濟宗虎丘派和大慧派的勢力如日中天，如淨亦曾久在臨濟宗諸禪匠會下，承蒙熏陶與磨鍊。曾在徑山參過拙庵德光，到靈隱投過松源崇嶽（一一三二至一二〇三）、破庵祖先（一一三六至一二一一），以及無用淨全（一一三七至一二〇七）、遯庵宗演等一代名衲；與無際了派、無準師範等為同參法友，相交甚厚；所以，無際了派臨終寫了遺書，請如淨來天童繼其後席。

因此，在江湖上，長翁如淨的芳蹤，頗為人稱道；道元在徑山行腳時，就有寺僧提及。

如淨在禪宗甲刹清涼寺初住後，先後又在台州瑞巖淨土禪院、五山第四的南山淨慈寺、明州瑞巖開善寺、淨慈寺（再住）出任住持，第六會住持即為嘉定十七年（一一二四）秋住持天童寺，當時已經是六十三歲高齡。在其最終的三年裡，道元在其會下參禪辦道，得以付囑嗣法，實於禪宗史上留下了極為光輝的一頁。

道元對如淨尊比慈父，如淨對這位外國求法的青年僧則視如愛子。道元後來在《學道用心集》中對師資相合的重要性作了這樣的論述：

發心不正，萬行空施，誠哉此言！行道可依導師之正與邪歟？機如良材，師似工匠；縱雖為良材，不得良工者，奇麗未彰；縱雖曲木，若遇好手者，妙功忽現。隨師正邪，有悟偽真，以之可曉。（中略）不得正師不如不學。

可見，正師的相遇與傳授，乃為學人之第一關鍵。道元在如淨膝下用功，如魚得水一般。在寶慶元年五月一日與如淨正式相見之前，道元向如淨吐露了自己入宋的經歷與志願。於《寶慶記》中，道元寄書具狀於如淨處，傾吐如下：

道元幼年發菩提心，在本國訪道於諸師，聊識因果之所由。雖然如是，未明佛法僧之實歸，徒滯名相之懷幖。後入千光禪師之室，初聞臨濟之宗風；今隨全法師而入炎宋，航海萬里，任幻身於波濤，遂得投和尚之法席，蓋是宿福之慶幸也。和尚大慈大悲，外國遠方之小人，所願者：不拘時候，不具威儀，頻頻上方丈，欲拜問愚懷；無常迅速，生死事大，時不待人，去聖必悔。本師堂上大和尚大禪師，大慈大悲，哀愍聽許道元問道問法，伏冀慈照！小師道元百拜叩頭上覆。

前面這段道元的陳述，可謂是至誠感人。他懇願如淨能體恤哀愍他這個邊邦小國來的求法之僧，讓他能時時得到如淨的教示與鞭策，以了卻生死大事，紹隆佛法。如淨得見此書，不由銘感肺腑！他想像著這位正匍匐在地、赤誠求法的外國年輕衲僧的身姿，有感他冒著萬里鯨浪而來，於是當下聽許了他的請願。《寶慶記》中記錄了如淨給道元的回書。其文曰：

元子參問，自今已後，不拘晝夜時候，著衣衩衣，而來方丈問道無妨，老僧一如親父之恕子無禮也。太白某甲。

可見，如淨對道元正如慈父對子一般，許諾他隨時都可以入室來請益禪法。於是，於斯年五月一日，道元上妙高臺（方丈），整衣斂容恭敬地向如淨燒香禮拜，得以正式行了相見之禮。道元在《正法眼藏．面授》中記曰：

此即佛佛祖祖面授正法眼藏之道理也。自七佛正傳，至迦葉尊者；自迦葉尊者二十八授，至菩提達磨尊者。菩提達磨尊者，親自降儀於震旦國，面授於正宗太祖普覺大師慧可尊者，五傳而至曹溪山大鑒惠能大師，一十七授而至先師大宋國慶元府太白名山天童古佛。

大宋國寶慶元年乙酉五月一日。道元始於妙高臺燒香禮拜先師天童古佛，先師古佛亦始見道元。爾時，指授面授道元曰：佛佛祖祖，面授之法門現成；是即靈山之拈華也，嵩山之得髓也，黃梅之傳衣也，洞山之面授也，是佛祖之眼藏面授也。唯吾屋裡有，餘人夢也未見聞也。

在先學大久保道舟的論著中特別強調道元與如淨的初相見（面授），認為這有著極其重要的歷史與宗教意義。大久保推想，如淨之所以如此看重道元，可能是由於預知一期生命將近之明全和尚的相託；這很自然，求法的主角原應是明全，道元等是隨侍同來的青年僧而已。大久保還言及，在後世所編集的《建撕記》、《行錄》等中記載了如淨在歸錫天童山的前一夜裡，曾夢見曹洞宗開祖洞山悟本大師相迎之瑞相；這就暗示了道元是洞山大師的再來，後必大興洞山一宗於世間；同時，也暗合了之前道元在天台山萬年寺參禮元鼒時、元鼒夢見大梅法常的靈夢。

大久保認為，此處雖不免有些後人在寫傳記時的美化添色成分；但是，《正法眼藏》中屢屢說到「洞山之面授也」；況且，在元代東渡的大禪者明極楚俊（佛日燄慧禪師〔一二六二至一三三六〕），臨濟宗虎巖淨伏法嗣，一三三〇年東渡來日弘禪）的《明極和尚語錄・第三・日東可禪人回鄉》中提到「淨和尚夜夢洞（山良）价禪師相見，次日有禪者元公來，深明洞上宗旨」為佐證，故未必能將之全盤否定。

不管怎麼說，正如如淨所言「佛佛祖祖面授之法門現成」那樣，久參得道，具炯炯道眼的如淨看到英姿勃發的道元，恰似伯樂見了千里駒，心生歡喜，當下即有師資之默契。

前面曾提到，明全到了天童後，可能是修行太精勤，或許是水土不服等緣故，身體狀況不甚好；因此，也沒有能出山去尋訪其先師榮西的遺蹤，都由徒弟道元代行參禮。就在道元與如淨初相見後的五月中旬，明全身感微疾，五月十八日便臥病不起；自知來日不多，便於同月二十四日在病榻前，付與愛徒道元由榮西所傳下的〈未來記〉，以後事相托。三天後，於天童了然寮中嚴身端坐，溘然而逝，年僅四十二歲。葬儀的主法僧應該是住持如淨；在眾多道俗的念經聲中，明全於山內荼毗，得舍利甚多，可見明全戒行清淨，禪道高潔。

與許多日本求法僧一樣，明全壯志未酬而英年客死他鄉。道元在痛喪恩師的悲哀中，承續了求法傳禪的重任。道元於《明全和尚具足戒牒奧書》中，在先師於日本正治元年己未（一一九九）十一月八日於南都奈良東大寺戒壇院受具足戒的戒牒後，將先師的略傳用娟秀的小行書十行鄭重地記錄下來，其中寫道：

先師諱明全，貞應癸未二月廿二日，出建仁寺赴大宋國，見（現）年四十歲。本是比叡山／首楞嚴院僧，也本房下椙井房也。本師明瑤阿闍梨也。參建仁寺榮西僧正，禮為參學師。／已入唐投天童山，入了然寮。于時，堂頭無際了派禪師住持也，首座智明，都寺師廣。／全公在天童推三年，四十二歲，五月廿七日辰時圓寂于了然，于時大宋寶慶元年乙酉載也。／于時堂頭和尚如淨禪師。全公入宋之時，乃大宋嘉定十六年癸未也。初到明州景福寺，／于時講師妙雲講師為堂頭。全公本受天台山延曆寺菩薩戒，然而宋朝比丘戒，故臨／入宋時，書持此具足戒牒也。宋朝之風，雖習學大乘教，僧皆先受大僧戒也。／只受菩薩戒之僧，未嘗聞者也。先受比丘戒，後受菩薩戒也。受菩薩戒而為／為〔重複字？〕夏臈未嘗聞也。明全入宋之時，後堀川院在位，之後高倉院為太上皇也。全公于高倉／太上天皇奉授菩薩戒。（＊／為墨蹟換行處）

從上面這段道元的尾跋（原蹟現存大本山永平寺，日本重要文化財）可知，道元的授業師建仁寺明全為了往大宋國求法，特地於正治元年十一月往南都東大寺戒壇院；戒牒上寫有，是月八日明全以比叡山菩薩戒沙彌的身分補授具足戒。明全具足戒牒全文有曰：

興福寺

大德辨基律師卄（「卄」或為「補」之異體）

興福寺

大德勝還律師卄

興福寺

大德林祐律師卄

東大寺
大德宗源律師訃
元興寺
大德經幸律師訃
招提寺
大德淨俊律師訃
東大寺
大德淨祐律師訃
大安寺
大德教元律師訃
東大寺
大德戒禪律師訃
東大寺

大德道昭律師 計
藥師寺
大德淨盛律師 計
沙彌明全稽首和南：大德足下，竊以三學殊途，必會通於漏盡；五乘廣運，資戒足以為先。是知，表無表戒務眾行之津梁，願無願心祈七支之勝躅。但明全宿因多幸，得逢法門。未登清禁，夙夜兢悚，今契正治元年己未十一月八日於東大寺戒壇院受具足戒。伏願大德慈悲，拔濟少識和南
謹疏
正治元年己未十一月八日沙彌明全疏
和尚
傳燈大法師位辨基
戒壇掌達
傳燈法師位

傳燈法師位

綱所

從儀師傳燈法師位

從儀師傳燈法師位

治部省

正六位上行

正六位上行

玄蕃寮

正六位上行

正六位上行

（*道元奧書（尾跋）十行，如右所示。）

從道元的尾部跋語（奧書）內容可知，明全已經知道，當時大宋叢林大僧安居必須持有具足戒牒，正如道元所敘：

全公本受天台山延曆寺菩薩戒，然而宋朝用比丘戒；故臨入宋時，書持此具足戒牒也。宋朝之風，雖習學大乘教，僧皆先受大僧戒也，只受菩薩戒之僧未嘗聞者也！先受比丘戒，後受菩薩戒也。受菩薩戒而為夏臘未嘗聞也！

而道元這裡的兩箇「未嘗聞」，正是當時比叡山戒律授受情況的真實反映。眾所周知，自日本天台宗開祖傳教大師最澄只受菩薩戒的儀軌確立以來，比叡山大乘戒壇單授菩薩（圓頓）戒；因此，天台山上的學人無法得受比丘戒。明全為了入宋求法，特到奈良東大寺戒壇院求受大僧戒，而自稱「（菩薩戒）沙彌」。道元為此，對叡山戒法頗有異議。

也從此可見，道元等臨去宋國之前，深曉宋國叢林的安居制度；況且，當時天童山上尚有同門隆禪等留學僧。問題是，道元為何知之而不去南都補大僧戒？筆者的解答未必中的，但從中可以推測，道元當時只是作為明全的隨從而入宋，並未充分意識到這個問題的嚴重性。由這一點可以令人聯想到，道元的角色有一點像四百年前隨同最澄入唐的義真。

但是，明全的早殞，使得道元成為入宋傳法的主角。單受菩薩戒的制度，的確使得道元一開始就出師不利，舉步難前，無奈被困守舟中。

道元在授業師明全圓寂後，繼續在天童山中如淨膝下坐禪辦道。據《道元和尚廣錄》（也稱《永平廣錄》）卷十中，錄有道元的偈頌第二六、第二七〈看然子終焉語〉。第二六偈頌曰「廓然無聖硬如鐵，試點紅爐銷似雪；更問而今何處去，碧波心裡不看月。」（卍山本）而在另一版本「門鶴本」中，後兩句則為「更問今皈何處去，碧波深處看何月。」另一首即第二七曰：「爍破從來一版鐵，銷鎔直下六花雪。天邊玉兔落潭底，拗折指頭應見月。」（卍山本），「門鶴本」的第二至四句皆有些許差異：「……莫知落處六花雪；天邊玉兔無潭底，指折如何未見月。」

偈句有不同倒不是大問題，問題是這裡的「然子」是不是指與明全和道元一起入宋的廓然呢？若是，也可惜英年早殞在異國他鄉了。

中尾良信所著的《日本の名僧9 孤高の禪師 道元》一書中認為這位「然子」就是廓然。但是，菅原諭貫的論文〈『永平広錄』卷十所收の「偈頌」についてい〉中則認為，這位「然子」有可能是道元在宋時的中國僧人。因為，在《永平廣錄．卷八．法語九》中有「然公」者，〈法語十二〉有「了然道者」這樣一個人物，菅原認為兩者應該是非同一人物的中國僧人，菅原沒有聯想到「廓然」！究竟如何？則已經難以明確考證了。

上文講到，道元於寶慶元年五月一日上天童山妙高臺正式叩見如淨，得如淨面授之諄諄教誨，這時道元二十六歲，如淨則已是六十四歲的老翁了。是年五月二十七日，道元的授業本師明全不幸在天童山了然寮內病亡。對於道元來說，是喜悲參半的特別之年。收好了先師的遺囑以及遺骨後，道元全心全意投入如淨的爐鞴，接受洞上之禪旨。可以說，在相見如淨之前，道元所參訪過的都是臨濟宗的禪宗高僧。

如淨的禪風十分嚴格峻厲，這從日本曹洞宗二祖孤雲懷奘筆記的《正法眼藏隨聞記．卷三之二十》的記錄中，可略見一斑：

又云：我居大宋天童禪院時，淨老住持之時，宵於二更三點坐禪，曉於四更之二點三點起坐禪。長老共在禪堂裡坐，無一夜闕怠。其間眾僧多有眠者，長老巡行，如有睡眠之僧，或以拳打，或脫鞋打之，勸恥覺睡。猶睡時，令其行照堂、打鐘、召行者燃蠟燭等。卒時普說云：僧堂裡眾居，徒眠何用？然何出家入叢林？不見麼，世間帝王官人，何人身息？修王道、盡忠節，乃至庶民開田執鍬，何人息身浪世？是入叢林，虛度光陰，畢竟何用？生死事大也，無常迅速也。教家、禪家相同，今夕明旦，未曉受何死？染何病？且存命時，不行佛法，眠臥而時光虛度，尤愚也！故佛法衰去也。諸方佛法盛時，叢林皆專坐禪。近代諸方若不勸坐禪，則佛法澆薄去了。（筆者譯）

由上可知，如淨所主張的「專修坐禪」（只管坐禪）的修行機要。按上面的記載可知，在當時的天童山裡，每天大概坐禪到晚上十一點左右為止才結束；然後，翌日拂曉三點半左右起床，收衾枕、洗面後，整衣再入堂坐禪，睡眠時間只有三到四小時而已！這就難怪衲僧會在坐禪時打瞌睡了。

筆者於十九年前曾在永平寺安居，基本上也是這樣的作息時間。有時坐禪時實在難以忍受睡魔的襲來，不覺身體搖晃，或頭撞著禪堂的牆壁而驚醒過來，接著便是合掌承受行堂僧痛打三棒；前面敘述的則是如淨用拳打睡僧，或脫下鞋子來打醒。可見，當時南宋禪林禪堂規矩之嚴格，以及如淨禪風之高峻。

如淨打了坐睡的衲子後，呵責出家兒不起精進之心，虛擲光陰，並警示生死事大，無常迅速！對於如淨的責打，當時的衲僧不但不怨恨，反而頓生愧意，心存讚歎，甚至有不禁感激涕零者。《正法眼藏隨聞記．卷二之五》中記道：

先師天童淨和尚住持時，於僧堂眾僧坐禪時，見睡僧，為警覺之而用履打，並怒罵呵責。眾僧雖被打，卻心甘情願，既生喜悅，又讚歎不已。

或時又上堂次，常云：我今已老矣！本應辭大眾住小庵養老閑居，然猶為眾人之知識而住持道場，是為破各各之迷，以助辦道。因此有時口出呵責之言，有時用竹篦行打擲等之事，是事實頗為惶恐。然則此乃代佛教化之手段，誠

望諸兄弟慈悲攝受！眾僧聞斯言，不覺流涕。（筆者譯）

由上可見，如淨嚴而慈、烈而悲的寬廣胸襟，而眾僧蒙其教，知恥而發勇猛心，高揚修道之志氣。

道元就在這樣的修行生活中，至誠地接受如淨的教誨與提撕。《寶慶記》中道元如實地記道：

寶慶元年七月初二日參方丈。

道元拜問：今稱諸方教外別傳而為祖師西來之大意，其意如何？

和尚示云：佛祖大道，何拘內外！然稱教外別傳，唯摩騰等所傳之外，祖師西來，親到震旦，傳道授業。故云教外別傳也。世界可有二佛法也！祖師未來東土，東土有行李而未有主；祖師既到東土，譬如民得王也。當爾之時，國土國寶國民皆屬王也。

道元拜問：今諸方古今長老等云：聞不聞，見不見，直下無一點計較，乃佛祖之道耶？

和尚示云：若無二生者，實是斷見外道也。佛佛祖祖為人設教，都無外道之言說。若無二生，乃不可有今生也。此世既存，何無二生？我儻久是佛子，何等外道？又如教學人直下無第二點者，佛祖一方之善巧方便也，非為學人而無所得也。若為無所得，不可參問善知識也，諸佛不出世也。唯要直下見聞，便了更無修證者，北洲豈無見聞覺知耶？

拜問：古今善知識曰：如魚飲水，冷煖自知，即覺也，以之為菩提之悟。道元難云：若自知即正覺者，一切眾生皆有自知，一切眾生依有自知，可為正覺之如來耶？或人云：可然一切眾生無始本有之如來也；或人云：一切眾生不必皆是如來。所以者何？若知自覺性智即是者，即是如來也，未知者不是也。如是等說，可是佛法否？

和尚示云：若言一切眾生本是佛者，還同自然外道也。以我我所比諸佛，不可免未得謂得，未證謂證者也。

拜問：學人功夫辦道之時，有應須習學心意識並行住坐臥乎？

和尚示誨曰：祖師西來而佛法入震旦，豈無佛法之身心乎？第一初心辦道功夫時，不可長病，不可遠行，不可多讀誦，不可多諫諍，不可多營務，不可食五辛，不可食肉，不可多食乳並蜜等，不可飲酒，不可食諸不淨食，不可聽伎樂詠等聲，不可見諸舞妓，不可見諸殘害等，不可見諸卑陋事謂男女婬色等，不可親近國王大臣，不可食諸生硬物，不可著垢膩衣，不可歷見屠所，不可喫久損山茶及風病藥天台山有。莫喫諸椹，莫視聽名利之事，莫多喫乳並蘇蜜等，莫親厚扇梯半茶迦等，莫多喫梅乾及乾栗，莫多喫龍眼荔枝橄欖等，莫多喫沙糖霜糖等，莫著厚棉襖，又莫不著棉，莫喫兵軍食，莫往觀喧喧之聲、轟轟之聲、豬羊等之群，莫往觀大魚及大海惡畫傀儡等，尋常應觀青山溪水。直須古教照心，又見了義經。坐禪辦道衲僧尋常直須洗足，身心惱亂之時，直須黯誦菩薩戒序。

問云：菩薩戒何耶？

和尚示曰：今隆禪所誦戒序也。莫親近小人卑賤之輩。

拜問云：何者是小人？
和尚示云：貪欲多者，便是小人也。莫飼虎子、象子等並豬、狗、貓、貍等。今諸山長老等養貓兒，真箇不可也。暗者之為也。凡十六惡律儀者，佛祖之所制也。慎勿放逸慣習也。
拜問：《首楞（嚴）經》、《圓覺經》在家男女讀之，以為西來祖道。道元披閱兩經而推尋文之起盡不同，自餘之大乘諸經。未審其意。雖有劣諸經之言句，全無勝於諸經之義耶。頗有同六師等之見，畢竟如何決定？
和尚示云：《楞嚴經》自昔有疑者也，謂此經後人構歟。先代祖師未曾見經也，近代癡暗之輩讀之愛之。《圓覺經》亦然，文相起盡頗似也。
拜問：煩惱障異熟障業障等障，佛道之道處耶？
和尚云：如龍樹等祖師之說，須保任也，不可有異途之說。但至業障者慇懃修行之時必可轉也。
拜問：因果必可感耶？

和尚示云：不可撥無因果也。所以永嘉曰：豁達空撥因果莽莽忉忉招殃禍。若言撥無因果者，佛法中斷善根人也。豈是佛祖之兒孫耶！

拜問：今日天下長老長髮長抓（爪），有何據？將稱比丘，頗似俗人；將名俗人，又如禿兒。西天東地正法像法之間佛祖弟子未嘗如斯，如何？

和尚示云：真箇是畜生也，佛法清淨海中死屍也。

由上一長段道元與如淨的一問一答，從中可見，七月初二日在妙高臺方丈中，師徒倆暢所欲言，談及的話題甚多甚廣，而且饒有興味。從如淨的開示內容來看，如淨是應該比較精通並十分重視大小乘律學，尤其對《四分律》的比丘戒律儀以及大乘戒《梵網經》等有一定的造詣；而且，對天台的《小止觀》等比較有領悟，有關禪林日常生活上行住坐臥乃至一些細小的環節，如飲食以及起居等都有嚴格規定，從中可以覺察如淨在行學上的特點以及嚴謹而勤勉的性格。在當時的南宋叢林中，像如淨這樣的禪者比較罕見；對道元來說，正有如魚得水之感。其中的「莫視聽名利之事」、「不可親近國王大臣」等開示，對道元的禪戒及清規思想的形成頗具影響。

另外，關於道元對菩薩戒的提問，如淨的教示是「身心惱亂之時直須黯誦菩薩戒序」，並言「今隆禪所誦戒序也」。這裡的菩薩戒應該是指《梵網經》，比道元一行早到的隆禪，已在如淨的指示下讀誦。可見，如淨對大乘戒與小乘戒的授受比較重視。是年九月，道元在天童如淨座下重受菩薩戒。還有道元關於《楞嚴經》、《圓覺經》頗有同外道六師等見、真偽究竟如何之疑問，如淨當下表示贊同道元的見地，認為是後人偽作。眾所周知，《圓覺經》及《楞嚴經》是宋朝佛教界中當時十分流行的經典，如淨卻認為「先代祖師未曾見經也，近代癡暗之輩讀之愛之。」可謂不同凡響。不過，如淨所指的「先代祖師」究竟具體是指何代何人？沒有言明。

此兩經在唐代以及北宋便有甚多疏鈔以及註釋書，尤其是唐代宗密撰述的《圓覺經大疏鈔》以及北宋長水子璿撰述的《首楞嚴義疏註經》尤為著名，對後世的影響頗大。這方面的具體內容可參照拙著《宗密思想綜合研究》（中國人民大學出版社，二〇一三）一書中的有關章節，於此便不再贅述。

此外，值得令人注目的是，道元對當時南宋禪林長老尊宿中留有「長髮長爪」的現象提出疑問，如淨斥之為「真箇是畜生也，佛法清淨海中死屍也。」可見，如淨認為這不符合佛教法度，面目可憎宛如畜生。道元所說的禪宗高僧那種非僧非俗的異樣風貌，從現在日本所保存的諸多宋元禪宗高僧頂相畫（肖像畫）中可以見之，可參照拙著《宋代高僧墨蹟研究》（西泠印社出版社，二〇一一）一書的有關章節以及數篇日文論文中之論述，於此也不再深入了。

順便一提的是，唐宋所隆興的禪宗思想中，蘊涵著濃厚的儒道二家倫理道德和生活方式的內容；長髮長爪的盛行，是一種比較凸顯的特異現象，狀如寒山與拾得。不過，至今中國人裡尚有不少人喜歡留長爪，特別是大拇指與小指；美醜尚且不論，不太衛生倒實有提醒的必要。

此外，頗值得注意的是，道元從比叡山修行時就一直有的疑問，即是「既然一切眾生本來成佛，為何還須修行取證？」這也就是所謂「本覺」思想的問題所在；道元就此問題，在入宋前去問過博學又高德的公胤上人，未得決疑。到宋之後，或許凡遇上叢林尊宿都拜問過這個疑難問題；所以，提問如淨時列舉了多種回答。

不過，如淨則告訴他，「一切眾生本是佛」者，其理還同自然外道，成佛必須親證妙修始得；未證說證，是大妄語。可見如淨與當時的諸禪者之觀點不同。因為，中國禪宗思想自中唐之後，更深入地與本土的道家和儒家相會通，尤其是與道家的虛無主義以及孟子的性善論相呼應；加上韓柳以來新儒學的盛行，使得南宋的禪宗頗有放任自然、不修而證的風氣，也可斥之為「狂禪者」。同樣地，在日本的佛教中心比叡山內，在教理上橫溢著一切成佛（包括山河草木）的本覺思想。道元由此產生疑問，終於在如淨的教示下得以疑情冰釋。

不過，這僅僅是言下的理會而已，道元還必須在如淨的指導下得到真正的體悟；用道元的言語來表達的話，是「道得」與「體得」的覺悟過程，也就是「本證妙修」的實際風光。上面提到的對於《楞嚴》、《圓覺》兩經的異議，也與當時南宋的禪宗理論有很深厚的關聯。道元在如淨那裡真正體會到了「正傳的佛法」的親切感，慶幸能值遇「正師」，對如淨視如古佛再來，至心頂禮受教。

文中還提到寺院中有些長老豢養貓兒寵物等事，如淨認為不符合佛制的律儀，從中也可以看出如淨乃是戒行與禪修上十分嚴格的禪者，也正與孤高自清的道元比較投合。

其實，中國古代禪宗寺院中，養狗兒、貓兒等，也有中國叢林實行農禪制度上，有一定的必要性。不過，現在的寺院僧侶，基本上是不種而食、不織而衣的生活狀態；養狗或許還有防盜的作用，養貓只能算業餘愛好的事了。

前幾年，筆者偶經一位故舊之介紹，帶我去遊訪了一所很有歷史的禪宗寺院。進了寺門，由一寺僧帶至監院處，見監院某師正在吃茶，其居處花盆裡種滿蘭蕙與名花，大缸中養著名貴的金魚，樑上掛滿鳥籠，鸚鵡、八哥等鳴叫不止，可謂鳥語花香，雅趣十足。然後，某師故作斯文地翹起留著長滿長爪的細嫩玉手為我們沏了一壺稱言價值幾萬元的好茶，又說所用紫砂壺更是出自名家之手，乃是無價之寶。令我突然想起，如果道元見此狀，會有如何感想呢？

筆者認為，真正的禪宗，應該是捨盡裝飾、質樸尚簡的佛教本色；真正的大美，是正直而至簡的示現，並不在乎器，而在乎心性。玩物喪志為儒家所呵斥，佛家又豈能聽許之！在這裡，不覺由此生發了一番冗長的言論，有些離題，就此打住。

言歸正傳！在《寶慶記》中，如淨有時也會主動召見道元，言談中對道元讚賞有加，並加以諄諄指教。有文曰：

和尚或時召示曰：你雖是後生，頗有古貌。直須居深山幽谷，長養佛祖聖胎，必至古德之證處也。與時，道元起而設拜和尚足下，和尚唱云：能禮所禮性空寂，感應道交難思議。於時和尚廣說西天東地佛祖之行履。於時道元感淚沾襟。

從上文字可見，如淨知道元是真正道器，有時召見開示；而道元頂禮聞法，不覺淚流滿面。師弟之情，可見深厚非同尋常。

道元除了謁見如淨、親承教誨之外，更多的是受教於大眾熏修的僧堂坐禪等實修中。道元尤其對如淨的「祇管打坐」、「身心脫落」等開示，感銘肺腑。《寶慶記》中記曰：

堂頭和尚示曰：參禪者，身心脫落也。不用燒香、禮拜、念佛、修懺、看經，祇管打坐而已。

拜問：身心脫落者何？

堂頭和尚示曰：身心脫落者，坐禪也。祇管坐禪時，離五欲除五蓋也。

拜問：若離五欲除五蓋者，乃同教家之所談也。即為大小兩乘之行人者乎？

堂頭和尚示曰：祖師兒孫不可強嫌大小兩乘之所說也。學者若背如來之聖教，何敢（言）佛祖之兒孫者歟！

從上面師弟的一問一答中，可以窺知如淨是研習過天台智顗的《小止觀》以及《摩訶止觀》等教宗典籍。不過，其禪風是將坐禪作為修行的正途與舟楫，其宗旨是到達身心脫落的實證，因此拒絕一切緣務，包括燒香、禮拜、念佛、修懺、看經等修行方法，但專念坐禪，謂之只（衹）管坐禪；若到如是時節，方可真正離五欲、除五蓋等根本煩惱。

道元聞之，不由發問：此非同教家所談？如淨則正色反問道元，若背如來聖教，豈是佛祖兒孫？可見，如淨並非當時那些高呼「不立文字」與「教外別傳」的禪者，而是主張以「古教照心」、「專意坐禪」的實行者；「身心脫落」的實證，是正身持戒、正心坐禪的行履，即修證一如、不偏不倚的佛祖正傳之法。這對道元來說，可謂是振聾發聵的教示。

從道元的主著《正法眼藏》、以及弟子孤雲懷奘於建長五年（一二五三）十二月十日（道元於同年八月二十八日圓寂，正好百日後）於永平寺方丈所筆錄的《寶慶記》等宗門典籍文獻中可知，道元對如淨極為尊重與敬仰，常稱如淨的禪法為「正傳之佛法」或「佛法之總府」等。而正是如淨所實行之徹底專務坐禪的祖道，使道元能在天童山中隨眾安心辦道，漸入佛佛祖祖的法門之闔奧。在如淨的悉心指導下，根器純利的道元終於在禪堂某次大眾共修的禪坐中，得以疑團冰釋，豁然大悟。

關於道元證悟的機緣，在《三大尊行狀記》以及《永平寺三祖行業記》等有所記載。內容大概是：有一日，如淨於後夜（曉天）坐禪時巡堂，見一雲水僧因為睡魔所襲而坐睡不覺；如淨見狀，大聲一喝道：

參禪須身心脫落，只管打睡為甚麼？

當時，道元聞如淨此一聲獅子吼，豁然大悟，頓覺身心脫落，得大自在。放參之後，早晨時分即上妙高臺，面對如淨，神情肅然，恭敬地燒香禮拜。如淨遂問「燒香事，作麼生？」道元答道：「身心脫落來。」如淨聞言，即座答曰：「身心脫落，脫落身心。」道元即躬身云：「這箇是暫時伎倆，和尚莫亂印某甲。」如淨回答：「吾不亂印汝！」道元問：「如何是不亂印底？」如淨復云：「脫落脫落。」

由上可見，如淨對言下大悟的道元，當下作了印可。如淨身邊福州出身的侍者廣平見狀不由讚歎道：「外國人得恁麼大事！」當然，關於這段悟道事蹟究竟是否屬於史實的問題，在學界內素有論議。筆者認為，雖然在一定程度上，或許有後世創作，或者平添腳色的可能性，卻不能由此而隨意否定道元在如淨會下大悟的這段重要禪宗史話。

道元悟道後，於是年九月，在如淨座下受菩薩大戒。〈佛祖正傳菩薩戒脈識語〉中記云：

大宋寶慶元年九月十八日。前住天童淨和尚示曰：佛戒者，宗門大事也。靈山、少林、曹溪、洞山，皆附嫡嗣，從如來嫡嫡相承而到吾，今附法弟子日本國僧道元，傳附既畢。

另，〈佛祖正傳菩薩戒作法識語〉中也記曰：

右大宋寶慶元年九月十八日，前住天童景德堂頭和尚，授道元式如是。祖日于時燒香侍者、宗端知客、廣平侍者等，周旋行此戒儀，大宋寶慶中傳之。

如淨給道元傳授的菩薩戒，應該是上述《寶慶記》所提到的「菩薩戒序」

的內容，應是傳承梵網菩薩戒的十重四十八輕之戒儀。道元在叡山時，已經受過菩薩戒，這與天童山上如淨和尚處所受的儀軌究竟有何相異，道元沒有詳細說明。總之，對於道元而言，在如淨座下所得菩薩大戒，具有更神聖的宗教意義；因此，道元將之稱作「佛祖正傳」。

其實，道元回國之後，也一直以傳戒師的身分為當時的鎌倉時代佛教界所熟知。如在仁治三年（一二四二）無本覺心（一二〇七至一二九八，號心地房，法燈國師）為得受菩薩戒，特地前往山城深草極樂寺拜見道元。

覺心在建長元年（南宋淳祐九年，一二四九）在同門師兄圓爾辨圓（一二〇二至一二八〇，東福寺開山，聖一國師）的激勵之下，發心梯航入宋。求法於大宋江浙禪宗諸山，於建長五年（一二五三）得法於杭州護國仁王寺的臨濟宗無門慧開（一一八三至一二六〇）和尚處，慧開就是享有盛名之《無門關》的著者。於建長六年（南宋寶祐二年，一二五四）歸國。覺心比道元小七歲，入宋之前，就歷訪並師事榮西的高弟退耕行勇（一一六三至一二四一）、釋圓榮朝（一一六五至一二四七）等人。因此，早年在國內參學期間，聞名去求戒於同屬榮西一門的道元。覺心晚年又將此戒脈於正應三年（一二九〇）再傳給弟子心瑜，在大分縣泉福寺至今還保存著這一〈識語〉，其文曰：

大宋寶慶元年九月十八日。前住天童淨和尚示道元云：佛戒者，宗門大事也。靈山、少林、曹溪、洞山，皆附嫡嗣，從如來嫡嫡相承而到吾，今附法弟子日本國僧道元，傳附既畢。今覺心附心瑜。于時正應三年己（丑）九月十日覺心示。

*正應三年（一二九〇）是庚寅年，如果是己（丑）年應該是正應二年（一二八九），恐是筆誤。

另外，在熊本縣的廣福寺還收藏了一幅京都法觀寺釋運書寫的〈菩薩戒作法〉的尾跋，記錄了從如淨傳道元、道元傳懷奘、懷奘傳義尹、義尹傳釋運的菩薩戒儀，其文如下所示：

右大宋寶慶元年九月十八日，前住天童景德堂頭和尚，授道元式如是。祖曰侍者（于）時燒香侍者、宗端知客、廣平侍者等，周旋行此戒儀，大宋寶慶中傳之。

右菩薩戒儀，先師親筆之本，懷奘傳受之，今法弟義尹藏主為法器者，聽許之，並傳寫已畢矣。

時建長六年甲寅九月九日　　永平第二世　懷奘

正安二年庚子八月九日　　如來寺住持　義尹

正中二年乙丑六月十二日　　前住法觀寺　釋運

由上面文獻可知，道元在天童如淨座下所授的菩薩戒作法，在本屬榮西法系的無本覺心門下以及自己的門下得以傳承。至今，在日本曹洞宗中依舊嚴格遵循道元所傳的戒儀，為僧俗四眾弟子傳授。這應該歸功道元的第四代法孫、曹洞宗太祖瑩山紹瑾。據宗門的史料可知，在日本正應五年（一二九二）八月十三日在永平寺妙高臺內書寫此菩薩戒傳授作法，並於元應三年（一三二一，二月二十三日改元元亨）二月中將之傳授給弟子明峰素哲（一二七七至一三五〇）、峨山韶碩（一二七五至一三六六）等。另外，越前寶慶寺開山寂圓（一二〇七至一二九九，曹洞宗寂圓派祖）的弟子、永平寺第五代中興義雲（一二五二至一三三三）又將之傳授給弟子（永平第六代住持）曇希（一二九七？至一三五〇？）。之後，則在永平寺歷代住持中得以綿綿相續。在永平寺的寶藏中還珍藏著永祿三年（一五六〇）七月二十八日，永平寺第十八代住持祚棟（生卒不詳）書寫的菩薩戒作法之手跡。

得法長翁

上面已經記述到，日本的學禪求法僧，對南宋禪林中尊宿的傳法嗣書（法卷）尤為重視。道元自然也不例外。道元在南宋叢林中拜見過甚多的嗣書。據大久保道舟的研究可知，道元在參隨如淨的一年餘的大宋理宗皇帝寶慶三年（一二二七）的八月歸國前在如淨的室內得傳承嗣書，在永平寺內現存有嗣書墨蹟，其文曰：

佛祖命脈證契即

通道元即通

大宋寶慶丁亥

住天童如淨（花押）

全文二十三字，以此來表明師資相承的正統性。時如淨六十六歲，道元二十八歲。道元在《正法眼藏．面授》中寫道與如淨初相見於天童時，即有「面授之法門現成」，說明當時於如淨一見如故，如淨已經暗知道元乃利根法器，已有印證之意。後道元在打坐參究中，得以「身心脫落」的大悟，遂得如淨的印可，喚入室內密付法卷。這是由印度釋迦文佛傳摩訶迦葉，然後單傳至二十八世菩提達磨，達磨親來唐土傳慧可，第六傳至曹溪惠能，之後嫡嫡相傳至洞山良价，直到如淨傳至道元的曹洞宗嗣承法脈，也正如道元所謂由天竺、唐土、日本三國嫡嫡相承的正傳佛法。

對日本曹洞宗而言，道元在如淨座下所拜受的「戒脈」以及「嗣書」，是法統傳持最為圓成的重要兩大標誌。相傳，道元的師翁榮西入宋時，雖在黃龍宗的虛庵懷敞會下得受菩薩戒脈，以及法衣、應量器（鉢）、坐具（尼師壇）、寶瓶、拄杖、拂子等傳法信物，卻未得到諸物中最為重要的法物，即黃龍宗的「嗣書」（「正法眼藏佛祖嗣承法卷」）。「嗣書」的傳承，到了宋代取代了唐代重視傳衣密付，顯得格外重要，因為真實地記錄了自過去七佛以及釋尊以來歷代祖師證契印可、瀉瓶相承的神聖命脈。

正如前文所述，道元在師從如淨之前，在大宋叢林中拜觀過諸種禪門法卷，在平田萬年寺也有嗣法的機緣；但是，道元在如淨座下傳得洞山法卷，也許是洞山一宗的一大盛事！曹洞宗的東流，後沛然而成禪門正宗，獨秀海東。

雖然，道元並未強調曹洞的殊勝；作為入宋求法僧，他只是一心追求正傳相續的佛法、濟度群倫的妙門。更何況，道元十分尊崇師翁榮西以及「出師未捷身先死」的建仁寺家師明全，故道元並不計較禪門的分派，而是重視正師的正續。

道元在《正法眼藏．嗣書》中說道：

此佛道者，必在嗣法時，定有嗣書。若無嗣書者，是天然外道也。佛道若不決定嗣法，焉能傳至今日？是故，佛佛者，定有佛嗣佛之嗣書，定得佛嗣佛之嗣書也。以其嗣書為體，則明究日月星辰而嗣法，或令得皮肉骨髓而嗣法，或相嗣於袈裟，或相嗣於拄杖，或相嗣於松枝，或相嗣於拂子，或相嗣於優曇華，或相嗣於金襴衣，或有靸鞋相嗣，或有竹篦相嗣。

此等嗣法相嗣時，或以指血書嗣，或以舌血書嗣，或以油乳書之。（如此）之嗣法，俱是嗣書也。嗣者，得者，皆是佛嗣也。實其以佛祖現成之時，嗣法必現成；現成時，不期而來、不求而嗣法之佛祖者多。有嗣法者，必是佛佛祖祖也。

從上面的這段文字中，可見道元對「嗣書」與「嗣法」有著極為深刻的認識與總結。「嗣書」之相嗣；可以說是佛道由久遠的過去（七佛）直至永劫未來（佛佛祖祖）嗣續；若以道元的用語，喚之「道環」，即真實生命全體現成的心光，暖皮肉，純血脈，真骨髓！絕不僅僅只是用來證明師弟相承的一紙文書而已。

光陰如梭，道元從嘉定十六年（一二二三）入宋以來，到寶慶三年（日本安貞元年，一二二七），不覺迎來了第五個年頭。於夏安居後的某一夜半，道元入如淨之室，鄭重地向恩師如淨禮拜道別。據《建撕記》所記，如淨臨別對道元囑咐說：

歸國布化，廣利人天，莫住城邑聚落，莫近國王大臣。只居深山幽谷，接得一箇半箇，勿令吾宗致斷絕！

如淨的囑咐，深深地表達了這位高風亮節的禪者，對道元這位外國來的年青求法的賞識與期望。一則希望道元，歸國之後，能再長養聖胎，潛修於山林，應時節因緣而出世，以廣度人天。另外，還希望道元不要去都城大邑，莫去親近權貴，不可追求名聞利養，接得真正法器的弟子，哪怕是一箇或半箇也可，莫使曹洞宗斷絕。

曹洞宗在宗祖洞山良价的五代法孫大陽警玄（九四三至一〇二七）時，警玄未能在生前值遇付法的弟子；臨終時，將皮履等信物等托付法友臨濟宗的浮山法遠，希望法遠在他死後如果遇見能付法的後秀，代他將曹洞宗的法脈付囑給他，以續奄奄一息的宗脈。後來，法遠遇見了投子義青（一〇三二至一〇八三），將警玄的法脈代傳給義青，這就是有名的「代付」之逸話，也是上文道元所言及的「或有靸鞋相嗣」之典故。從宗門重視「師資面授」的角度來言，曹洞宗是死灰復燃、枯木逢春。可見，傳法宗師欲得「一箇半箇」之不容易！

如淨對道元的「莫令吾宗致斷絕」一句，可謂語重心長，出自肺腑之遺訓。這無疑對道元歸國以後的隱修、度眾乃至傳法之後半生的二十六年間，有著至關重要的意義。

道元於七月初拜別如淨，臨別時如淨又付芙蓉道楷（一〇四三至一一一八）的袈裟法衣、《寶鏡三昧》、《五位顯訣》以及自贊頂相（禪僧肖像畫〉等付囑道元。

舊來，關於道元歸國的年月，有諸種說法。據最近禪學研究家佐藤秀孝的研究論文〈熊本市本妙寺所藏《道元禪師頂相》〉可知，道元的歸國在寶慶三年（一二二七）七月上旬較為有力，而糾正了從江戶時代突然出現的如淨紹定元年（一二二八）七月十七日示寂之說。佐藤認為，就在道元歸國沒幾天，如淨於七月十七日在天童丈室圓寂，世壽六十六歲。因為，在遷化之前，如淨給在鄮峰阿育王山廣利禪寺住持無準師範（佛鑑禪師，一一七七至一二四九）寄去了遺書。在《佛鑑禪師語錄・卷一・明州阿育王山廣利禪寺語錄》中有斯年的〈前住天童淨和尚遺書至上堂〉一則為證。

也就是說，道元是在恩師如淨即將入寂的時候，忍痛辭別，登上了東歸的商船。這令人回想當年道元隨家師明全和尚揚帆入宋時，明全的得度師比叡山明融（或瑤）上人也是將入涅槃之際，其情狀極為相似。為了佛法，為了廣度眾生，歷代祖師們不惜身命，豈會牽掛於人情也！

第四章　山城禪修・入越開山

嘉祿三年（一二二七）～寶治二年（一二四八年三月十三日）

謂坐禪則大安樂法門也。若得此意，自然四大輕安，精神爽利，正念分明，法味資神，寂然清樂，日用天真也。已能發明，可謂如龍得水，似虎靠山。

寓居東山

關於道元歸至日本的具體時間，有安貞二年（一二二八）春、或安貞元年（宋寶慶三年，一二二七）冬、或安貞元年十月之前諸種說法。大久保道舟等認為秋十月之前之說比較可靠，並推定大概在明州出航一個月後的七月末或八月初的仲秋之前。上面所提到佐藤的論文中也如是說，推測大概在秋時，道元所乘的商船抵達肥後（熊本）求麻郡河尻的大渡處著岸上陸。傳瑩山撰的《報恩錄·卷上》第十一則關於〈永平身心脫落話〉中說道：

師受付囑而歸於本國，即大宋寶慶二丁亥年也，當日本國安貞元丁亥年。於時御年廿八歲，洞山高祖十三世也。（中略）安貞元年秋歸朝，中國肥後國熊之莊中河尻大渡處落居，至今有寺三日山如來寺，大慈寺也。

文中的「寶慶二年」，乃瑩山筆誤，應為寶慶三年。而且，同年正當是日本安貞元年；不過，安貞的年號是於嘉祿十二月十日才改元使用。佐藤的論文言及到覺心的《鷲峰開山法燈圓明國師行實年譜》中有「丁亥，嘉祿三，十二月十日安貞改元」的記錄。在同年十月十五日後的記事中，記錄了覺心在紀伊（今和歌山縣）由良莊創建伽藍時，請京都栂尾華嚴宗高山寺的明惠上人（一一七三至一二三二）書寺名「西方寺」之匾額字，請道元題書了「鷲峰山」山號之篆字；而且，還言及道元在歸國後的天福元年（一二三三）七月十五日中元日在京都山城深草觀音導利院撰寫了〈普勸坐禪儀〉。但是，道元在〈普勸坐禪儀撰述由來〉一文中記曰：

教外別傳，正法眼藏，吾朝未嘗得聞。矧坐禪儀則無人于傳矣。予先嘉祿中，
從宋土歸本國。因有參學請撰坐禪儀。不獲已赴而撰之矣。

因此，嚴格地說，道元歸國的時候，應該還是日本嘉祿三年；而且，由此可見，在天福本之前，道元在剛回國不久，即於京都東山建仁寺寓居時，因參學所請，就撰寫了〈普勸坐禪儀〉。但是，這本嘉祿的底本，並未傳下來，天福本應該是嘉祿祖本的重修本。至於三日山如來寺，即後來的大梁山大慈寺，則是道元的弟子寒巖義尹（一二一七至一三〇〇）於第一次入宋（一二五三至五四，第二次一二六四至六八）歸國六年後的正元二年（一二六〇）所建立的寺院。

關於道元歸國上岸的地點，也有多種說法。如上述的瑩山的《報恩錄》，還有《建撕記》、《列祖行業記》、《紀年錄》、《洞上諸祖傳》、《聯燈錄》、《訂補》等都記載了肥後河尻歸著說。但是，《行錄》、《延寶傳燈錄》等燈史資料則記述為筑前博多歸著說，甚至還有與唐代東渡高僧鑑真大和上（六八八至

七六三）一樣，在大隅半島（鹿兒島）坊之津上陸之說。

尤其是在《行錄》中，有正面否定河尻歸著之說，其文如下：

著筑之前州博多。異本作著肥之後州河尻，余行河尻，問居人，居人曰：未聞異邦船著此處，則知作著河尻非是矣。

關於這個問題，在大久保道舟的論著中，則支持肥後河尻歸著說，其主要的理由之一是引用了江戶時代面山瑞方的《訂補》中的內容，其文如下：

肥後州河尻津有寺，號南溟山觀音寺，本尊於一葉觀音。寺僧傳謂：永平祖師歸朝值惡風於南溟，時默禱船上，則忽見大悲尊乘蓮一葉而浮河上，風波恬如，及得著岸。自刻其所覩，而安于此，以故有南溟觀音之號。其後監院僧，畫其像，謁祖師於洛南，乞贊，便題云：一花五葉開，一葉一如來。弘誓深如海，回向運善財。監院彫版，其版現今藏寺傍之民家云云。予壯歲詣此，親拜本尊，因聞僧話為記。今摘記中略補于此也。

這段「一葉觀音」的記述，出於江戶期的洞上學僧面山瑞方，多有祖師神話化的成分；作為曹洞宗的宗侶、道元的遠孫，從宗教教化的意義上，自然無可厚非。不過，最近的研究，特別是上述之佐藤秀孝的〈熊本市本妙寺所藏《道元禪師頂相》〉中，就比較實證性地證實了道元在嘉祿丁亥秋歸著肥後河尻歸著說。這是因為，在熊本市的日蓮宗名剎發星山本妙寺的寶藏中，珍藏著相傳是道元自畫自贊的一幅頂相畫，是道元在二十八歲登陸肥後河尻津後的英姿勃發肖像。佐藤的論文十分詳盡考證了這幅頂相畫的傳承歷史。

由於本書篇幅有限，就不贅述，具體可參考佐藤的論考（《駒澤大學禪文化歷史博物館紀要》第二號（平成二十八年度，二〇一六），「熊本市本妙寺所藏《道元禪師頂相》——帰国当初に描かれた道元禅師の姿を偲んで——」）。佐藤的這篇論文比較客觀地論證了道元歸著肥後河尻津的史實。

道元在肥後河尻上岸後，從陸路前往筑前（今福岡）太宰府廳辦理歸國手續。道元入宋時在博多港解纜出國，但由於航海歸來時氣候以及海上風浪等原因，有很多商船不能安全歸至博多。比如說，京都泉湧寺的入宋僧俊芿

（一一六六至一二二七，一一九九至一二一一入宋），因歸國時遇上暴風後，只好在長門（今山口縣內）阿武郡的海岸上岸。又如道元的師翁榮西在建久二年（一一九一）七月歸國時，船在肥前平戶島（今長崎縣內）的葦浦上岸。但是，不論由何處上岸，都必須往太宰府覆命，道元當然也不例外。道元應該是再從太宰府由西海道往東上京都，大概在嘉祿三年的九月下旬之前，抱著明全的遺骨，抵達東山建仁寺掛搭。因為，在十月五日達磨忌時，道元在洛陽（京都）受亡師明全生前得度的弟子智姉（比丘尼？）所請，撰寫了〈舍利相傳記〉，文末落款為「嘉祿三年十月五日，門人記」。

道元在建仁寺的動靜，沒有詳細的史料記載。據有限的文獻資料可知，道元在建仁寺，一直寓居至寬喜二年（一二三〇）才移錫山城深草極樂寺的別院安養院（現京都府京都市伏見區西桝尾町清涼山欣淨寺）。其間，於安貞二年（一二二八至一二二九年三月五日改元為寬喜）將明全的遺骨安葬在建仁寺；並於安貞二年於東山建仁寺與天童寺東渡來、同為如淨門人的寂圓（一二〇七至一二九九）重逢。寂圓此時年方二十二歲，是因追慕道元，特地從宋朝前來拜見道元。

寂圓的東渡，對日本曹洞宗有著重要的歷史意義。兩人在天童如淨會下同修，情同手足一般。久別重逢之際，道元一定向寂圓詢問了在辭別恩師如淨之後，天童寺內的動靜以及如淨入寂與荼毗、入塔等情形。據說，道元歸國時，寂圓曾送道元到明州港上船處，那時便有意同道元一同往日本；道元因如淨已經有病，便囑付寂圓好好照顧恩師，待來日再東渡前來相見。

在建仁寺寓居三年左右，此寺於建仁二年（一二〇二）榮西創建，道元於此寺師從明全學禪以來，已歷三代。

道元於此寺，一心致力於撰述，將在大宋求法的經歷以及在天童如淨處參學的體會，加以整理以便爾後撰寫成文。〈普勸坐禪儀〉以及〈舍利相傳記〉等屬於道元這一時期的短篇著作。

道元在建仁寺期間，目睹建仁寺內的僧侶放逸驕橫、蓄財利己的狀況，十分失望。因此，漸漸有了離開京師、隱居於城郊山寺的想法。因為只有這樣，才能遵奉如淨的遺訓，將大宋天童嫡傳的峻烈高邁之禪法，流傳於扶桑，真正在道場中打出一箇半箇學人來。

深草潛修

道元是在三十一歲、即寬喜二年（一二三〇，庚寅）離開東山建仁寺，前往京都郊外山城深草安養院隱居，宗門稱這一時期為「深草閑居」，大約一直到天福元年（一二三三，癸巳）。道元離開本寺京都建仁寺的原因，按現在的研究，大概可以歸納為三點。第一個理由，上文已經有所言及，即因為目睹當時建仁寺的僧侶不守戒儀，生活糜爛不堪。這在《正法眼藏隨聞記》二之十四中，道元的高弟懷奘記道：

宋土的寺院，因為全不作雜談交會婬色（兩性婬亂）等問題，故僧團無所虞也。我國在近來建仁寺榮西僧正在世時，也是如此。圓寂之後，他的弟子們還尚有些健在之時，也不道此類雜談之事。但在最近七、八年以來，確有一些年輕的僧侶們，無端雜談，實不堪聞也。（原文日語，筆者意譯）

另在同書四之四中，又記道：

佛法在處陵夷之狀近乎眼前之時，我在入建仁寺時雖已略有所見；其後七、八年來，則每況愈下。在寺中各寮中，多見有塗著厚牆的隱房，內隱放著器物、美服、儲蓄著財物等。好語放逸之言，以及不遵問訊禮拜等儀。故由此可察佛法廢弛之兆，其他寺院亦復如是。（原文日語，筆者意譯）

還有在同書五之八中記道：

昔年，我初入建仁寺之時，僧眾尚能隨分守持三業；為了佛道，各各發誓不語不利他之言。於此可見，榮西僧正之餘德巍巍如是也。如今則全然不見矣！今之學人當知，凡事應為自利利他，以及為佛道而行。若是有益之事，則忘身而敢於言行；若是無益之事，則不言不行。（原文日語，筆者意譯）

另在〈典座教訓〉中記道：

山僧歸國以降，駐錫於建仁，一兩三年。彼寺懋置此職，唯有名字，全無人實。未識是佛事，豈敢辦肯道？真可憐憫！不遇其人，虛度光陰，浪破道業。曾看彼寺此職僧，二時齋粥都不管事，帶一無頭腦無人情奴子，一切大少事，總說向他。

從以上四段文字資料可知，道元的離寺，與當時建仁寺的僧風腐敗有關係。如談論男女婬亂之事、積蓄私物、不守佛儀等現象，自然讓以「入宋傳法沙門」自負的道元難以接受。弟子懷奘所筆錄的《正法眼藏隨聞記》比較如實地反映了當時道元在建仁寺的處境與心境。

其次，是先學大久保道舟的研究成果，即發現在京都東山文庫所藏之藤原定家（一一六二至一二四一）的寫本《兵範記》紙背有一段記事內容：

佛法房事：山僧之悵□□至極之位成はて候，□□□樣ハ未承定候，破棄住所，追洛中なとそ申合候と承候。

藤原定家是鎌倉初期著名的和歌歌人、公卿，平安晚期的著名歌人藤原俊成（一一一四至一二〇四）之子。定家於天福元年（一二三三）年十月從海住山寺二世慈心房覺真（藤原長房，一一六八至一二四三）出家，法名明靜。而其師覺真則於承元三年（一二一〇）九月隨解脫房貞慶（藤原氏，笠置上人，法相宗，一一五五至一二一三）而出家。定家這段記錄，對於解明道元離開建仁寺之事，有著很大的意義。

文中的「佛法房」，即指道元，這是道元在比叡山橫川居住時的別號，而「山僧」則是指比叡山的僧人。按定家的記錄，道元是觸犯了叡山的權僧，被迫放棄建仁寺的常住而被驅趕到洛中去的（即文中所謂「破棄住所，追洛中」）。可以推想當時建仁寺內的執事與比叡山有著密切的關係；道元得罪了比叡山，自然會遭到處分。也可以看出，當時道元所主張的「只管打坐」，即如淨的禪法，在保守的比叡山和建仁寺的當局看來，顯然是不受歡迎的。

另外，大久保道舟還列舉了一段重要的文獻資料，來說明道元遭受比叡山僧壓迫的史實，這就是比叡山僧光宗（一二七六至一三五〇）於應長元年（一三一一）至貞和四年（一三四八）所集錄的共三百卷（現存一百十三卷）《溪嵐拾葉集》（第二卷〈禪宗教家同異事〉）中的一段記錄：

後嵯峨法皇御時，極樂寺佛法坊立宗門，毀教家覺明坊讀止觀者有之。造護國正法義，宗門及奏聞時，佐法印御房可判是非由，被仰下ケリ。護國正法義，二乘中緣覺所解也下之，不依佛教自開解分二尤相似。然二モノモノシク不可及沙汰云。破卻彼極樂寺，佛法房追卻畢，今可有其義，其上以佛法心地修行可有是非所云，一々不及其沙汰條，不可然事也。

大久保的著作中，言及在《溪嵐拾葉集》的尾跋裡，光宗記道於正和二年（一三一三）七月二十五日在比叡山西塔黑谷聽其師興圓口述而撰寫此書；但是，長達三百卷的集錄，顯然需要較長的年月方能完畢。從上文可知，當時比叡山僧彈劾道元的罪狀為：一自立宗旨，詆毀教家止觀教義；二不依佛教，自開解分。道元著〈護國正法義〉上奏朝廷，朝廷讓佐法印來判別是非曲直，終遭否定而被勒令退出極樂寺。這在宗門的史料中未有言及；可見，道元當時所受到的壓迫非同尋常。正如《永平廣錄》第十中所記錄之深草閑居時代的偈頌（共六首）中詠道：

生死可憐雲變更，迷途覺路夢中行；

唯留一事醒猶記，深草閑居夜雨聲。

此中的「唯留一事醒猶記」究竟指何事？道元沒有說明；也許是暗示自己在宣揚禪法時所遇到的風雲變幻，也同時可以窺見道元凜然的精神氣質。

雖然，事態也許沒有像當年貞慶彈劾淨土宗法然那樣嚴重，受到壓迫的情形卻有一定的相似性。從《正法眼藏隨聞記》等，道元所指出之建仁寺所存在的種種非法之事，也可以窺見道元與建仁寺當局之間的關係，當時確實十分緊張。

第三個原因，當然是道元自身的主觀原因。即道元歸國之際曾受如淨「歸國布化，廣利人天，莫住城邑聚落，莫近國王大臣。只居深山幽谷，接得一箇半箇，勿令吾宗致斷絕！」的遺訓。因此，道元是為了報謝恩師的恩德，實現真正弘法利生的誓願，憤然離開建仁寺，毅然隱居山城深草之小院的。持此說的是竹內道雄。

筆者認為，如上所說的三個原因，相互之間有著一定的因果關係。由此可見，道元初歸國的兩三年裡，在京師建仁寺的處境，的確並不是很樂觀。其中之詳盡情形，可以參照先學大久保道舟的著作《道元禪師傳之研究》的相關內容。

道元在安養院隱居期間，執筆撰述了〈辦道話〉，具體時間為寬喜三年（一二三一）八月十五日中秋，此時道元三十二歲。在九十五卷本（另有七十五卷本與十二卷本以及六十卷本、二十八卷本、八十四卷本等）中列為第一卷。不過，在正慶四年（一三三二）十一月七日，旨國（生卒年不詳）在洞谷山永光寺抄錄，後又於永正十二年（一五一五），正法寺獨住七世壽雲良椿（？至一五一六）再次抄錄，這就是有名的岩手縣所藏的正法寺本。在尾跋中記道：「于時寛喜辛卯中秋日 入宋傳法沙門住觀音導利院道元記」。但是，寛喜三年的時候，深草觀音導利院尚未創立，所以應是壽雲等人的誤寫所致。

另外，在丹波（現京都府南丹市園部町小山東町臨田谷）曹洞宗德雲寺中藏有一本道元時代的孤本，卷頭為「辦道話」，卷尾則為「寛喜辛卯中秋日，入宋沙門道元記，辦道話」的表記。〈辦道話〉原是獨立的作品，被編入《正法眼藏》是在江戶初期的大乘寺卍山道白（一六三六至一七一五）以及江戶中期的天明八年（一七八八）永平寺第五十代住持玄透即中（一七二九至一八〇七）開版的九十五卷《正法眼藏》。

道元的〈辦道話〉，可以說是道元的一篇開宗立義的作品。前段開示了只有通過坐禪辦道，方能真正成就「正傳之佛法」，並闡發了「本證妙修」、「修證一如」的修證觀。文中宣說了「自受用三昧」只有通過「正身端坐」的禪修，所謂一時的坐禪即全顯遍及十方三世諸佛如來之證悟。中段則以問答體加以展開，共十八則，大體為道元所主張的一種獨特的教相判釋的思想展開。具體內容可以參考何燕生所翻譯的中文版《正法眼藏》（七十五卷本山版縮刷）中的文首所翻譯的〈辦道話〉單獨一卷，於此就不再引用，也不作贅述了。

如上面所述的那樣，道元在被迫離開深草極樂寺後，於是在深草極樂寺舊址創建觀音導利興聖護國寺（今京都府京都市伏見區深草寶塔寺山町深草山寶塔寺〔日蓮宗〕附近），時間大概是在天福元年（一二三三）春。應該留意的是，此處的興聖寺，並不是現在的京都宇治的興聖寶林寺。

道元於天福元年春，三十四歲移錫初創的坐禪道場深草觀音導利興聖護國寺，一直住持到寬元元年（一二四三）七月末入越（今福井縣）開創永平寺（原名大佛寺）為止，為時十年餘。這十年間，可以說是道元五十四年的生涯中極為重要的十年，因為其奠定了後來入越至建長五年（一二五三）八月二十八日在京都圓寂這十年間弘法利生的基礎。這十年中，道元致力於撰述《正法眼藏》中極為重要的篇章，並接化了一大批緇素，將天童如淨的禪法大興於日本。

據《雍州府志》中所記，興聖寺的山號為德輝山。不過，後來道元入越之時，將興聖寺的後事托付給弟子義準，不幸的是，伽藍後來遭祝融之災而付之於灰燼，義準也改宗真言密宗，此後寺院的消息則塵封於歷史中去了。

至於興聖寺燒毀的時間，大久保道舟認為，大概在道元入越後的十二、三年之後。因為，在《三祖行業記》記錄中說，永平二祖孤雲懷奘關於永平寺的伽藍管理以及清規等問題，曾囑咐徹通義介：「叢林微細規矩，禪家諸師語錄以下一切聖教，皆以先年興聖寺燒失時或紛失。」義介於正元元年（一二五九，南宋開慶元年）入宋前往天童寺，這應該是在他臨行之前的事。如此的話，與聖寺的失火，大概是於道元圓寂後三到五年內所發生的事情。

道元在天福元年，重新整理並重寫了〈普勸坐禪儀〉（墨蹟現存永平寺，國寶）一卷，並撰述了《正法眼藏．摩訶般若波羅蜜》、《正法眼藏．現成公案》。文曆元年（一二三四），達磨宗出身的孤雲懷奘，慕名來投門下。後來，懷奘筆錄了道元的語錄（說法錄）《正法眼藏隨聞記》。

懷奘生於建久九年（一一九八），圓寂於弘安三年（一二八〇）比道元還年長兩歲；與道元一樣，出生於京都。十八歲時，上比叡山，禮橫川的圓能法印剃髮出家，研究以天台為中心的佛學。此時的道元十六歲，正好往來於京都建仁寺等參學於榮西門人明全等碩學之高僧。至今未見有學者言及，也沒有發現文獻記載。但筆者推測，在這時節，年輕的道元與懷奘就很有面識的可能性。因為：一者，兩人同樣居住於橫川；二者，在文曆元年，即將近二十年後，懷奘特去投奔在深草隱居的道元，想必以前曾有過相見之緣；三者，懷奘早年曾追隨過淨土宗法然的高弟證空上人（一一七七至一二四七，西山派祖）學習淨宗；而據角田泰隆的研究可知，證空於道元的在俗家系中相當於道元的族兄弟的關係。因此，懷奘後來去投道元於深草，也是很自然的事情。

懷奘對禪宗有興趣，所以往奈良（今櫻井市）的多武峰，參學於達磨宗大日能忍的弟子佛地上人覺晏（生卒不詳）學臨濟宗大慧派的禪法。但是，能忍的禪法是於文治五年（南宋淳熙十六年，一一八九）派門人練中與勝辨兩人往明州阿育王山廣利寺的拙庵德光（佛照禪師，一一二一至一二〇三）處代為求法，得到德光的印可。拙著《宋代高僧墨蹟研究》（二〇一一，西泠印社出版）中，曾對德光的墨蹟以及作為傳法信物之一的〈朱衣達磨像贊〉有過專門研究，可以參照一看。

能忍的達磨宗，曾因此在奈良多武峰傳教弘禪，得到很多僧俗歸依，具有相當的勢力；但是，因為沒有直接得到面授相承等原因，在鎌倉初期，與榮西、法然等一樣，受到南都舊佛教以及比叡山的彈劾。建久五年（一一九四）能忍被幕府宣布禁止傳教活動；據說，能忍在逃竄中被甥兒平景清殺害。之後，能忍的一部分弟子門在攝津的三寶寺苟且存續下來，弟子覺晏則在多武峰乃至東山建仁寺等處活動；懷奘在投奔道元之前，師從覺晏學禪，初出頭角，得到覺晏的印可嗣法。覺晏門下還有弟子懷鑑（越前波著寺，白山天台系寺院）和義介等俊彥。後來，因為覺晏一派也受到比叡山僧的壓迫，弟子們四散各地，其中不少法徒後來紛紛會聚到了深草與聖寺道元的門下。

據說，覺晏臨終時，曾囑咐弟子們去投奔道元；弟子中，懷奘是最早到道元門下參究的，後來又隨道元入越。而師兄弟的懷鑑，在越前波著寺有相當的勢力；道元的入越，據說與懷鑑、懷準等有很大的關係。道元的原始教團大多屬於舊達磨宗的門下。

懷奘後來成為永平寺的第二祖，而其師兄弟之徒弟徹通義介（一二一九至一三〇九）則成為永平寺第三祖，又開創加賀（今石川縣金澤市）東香山大乘寺，弟子有奠定日本曹洞宗地位的總持寺瑩山紹瑾（一二六八至一三二五，曹洞宗第四代，太祖常濟大師）。因此，懷奘在道元門人中具有極其重要的地位。據說，初到深草的懷奘是去與道元法戰論禪的；不過，筆者不贊成這種說法。懷奘是聞道元入宋得法回國而慕名相投，而且道元也是被比叡山壓迫而轉輾到深草，兩者有著很相近的感遇。

由於懷奘到道元會下參學，後來同門的懷鑑及其弟子義介、義尹等俊才也輻輳而至；達磨宗餘部的加入，使道元的僧團得以充實。不過，道元的會下弟子，也有不少非原達磨宗的優秀僧才。比如僧海（一二一六至一二四二），在侍者詮慧編的《元禪師初住興聖寺語錄》中，記錄了道元為不幸英年夭折的傳法弟子僧海首座上堂的法語。其文如下：

為僧海首座上堂。海臨終有頌云：二十七年，古債未轉。踏翻虛空，投獄如箭。師舉了云：夜來僧海枯，雲水競嗚呼；徹底汝方見，還忌見刺無？攔胸一拂猶未盡瞥，一死而今方再蘇。

據《三祖行業記》中記載，僧海是道元為數不多的傳法弟子，道元愛其英才；遺憾的是，僧海於仁治三年十月或十一月，二十七歲時病逝在興聖寺。道元十分痛其早夭，在《永平廣錄》記錄了道元曾兩次為僧海追悼而上堂。

在深草興聖寺的十年餘，據船岡誠的研究，道元除了在天福元年中，重寫了舊著〈普勸坐禪儀〉，撰述〈摩訶般若波羅蜜〉、〈現成公案〉之外，於翌年的文曆元年（一二三四）中，撰述了《學道用心集》；嘉禎三年（一二三七）中，撰寫了〈出家略作法〉、〈典座教訓〉；曆元元年（一二三八）中，撰寫了〈一顆明珠〉；延應元年（一二三九）中，撰寫了〈即心是佛〉、〈重雲堂式〉、〈洗淨〉、〈洗面〉；仁治元年（一二四〇）中，著述了〈禮拜得髓〉、〈溪聲山色〉、〈諸惡莫作〉、〈有時〉、〈傳衣〉、〈山水經〉等；仁治二年（一二四一）中，著述了〈佛祖〉、〈嗣書〉、〈法華轉法華〉、〈心不可得〉、〈古鏡〉、〈看經〉、〈佛性〉、〈行佛威儀〉、〈佛教〉、〈神通〉等；同三年（一二四二）中，寫作了〈大悟〉、〈坐禪箴〉、〈恁麼〉、〈佛向上〉、〈行持〉、〈海印三昧〉、〈授記〉、〈觀音〉、〈阿羅漢〉、〈柏樹子〉、〈光明〉、〈身心學道〉、〈夢中說夢〉、〈得道〉、〈畫餅〉、〈全機〉；寬元元年（一二四三）中，撰寫了〈都機〉、〈空華〉、〈古佛心〉、〈菩提薩埵四攝法〉、〈葛藤〉、《正法眼藏．坐禪儀》等篇章，道元在斯年七月由京都移錫往越前。可以說，《正法眼藏》一半以上的著作，是在這一時期完成的。

道元的《正法眼藏》是一部闡述佛佛祖祖正法相傳的聖教之大著，他以獨特的語言表現，體現了道元對禪法真諦的悟解，用道元的語境表達，謂之「道得」，即非文字遊戲，而是身心悟道，修證一如的實證境界。

〈普勸坐禪儀〉是道元歸國後，最早撰述的關於佛祖正傳的大乘參禪之法則。道元主張坐禪是佛道的正門，即學佛辨道者無不由坐禪而解脫成道。全文為漢文體，是七百五十六字的短篇著作。全文以中國六朝以來的四六駢儷體，以優美古雅的文字，闡發了禪法修證的機要，以三部分構成。

在序論中，開門見山地闡述了自釋迦、達磨以來的坐禪修行之真諦；本論中詳細地敘述了坐禪的方法以及注意事項；最後宣揚了坐禪辨道的功德利益。鑑於〈普勸坐禪儀〉是短篇之作，茲按永平寺所藏國寶墨蹟原本（天福本），錄其全文如下：

普勸坐禪儀

入宋傳法沙門　道元撰

原夫道本圓通，爭假修證？宗乘自在，何費功夫？況夫全體迴出塵垓（埃），孰信拂拭之手段？大都不離當處兮，豈用修行之腳頭？然而毫釐有差，天地懸隔，違順纔起，紛然失心。須知，歷劫輪迴還因擬議之一念，塵世迷道復由商量之無休。欲超向上之徹底，唯直下之承當。直饒誇會豐悟兮，獲瞥地之智通，得道明心。舉衡天之志氣，雖有入頭之量，尚欠於出身之路。矧彼釋迦老子之為生知，已在六年端坐之跡；達磨大師之傳心印，更貽九歲面壁之蹤。古聖既然，今人盍辦？所以飜尋言逐語之解行，須迴光返照之退步。自成一片，此坐禪之要術也。

謂坐禪則大安樂法門也。若得此意，自然四大輕安，精神爽利，正念分明，法味資神，寂然清樂，日用天真也。已能發明，可謂如龍得水，似虎靠山。當知正念現前，昏散曷到？若從坐起，徐徐動身；安祥而起，不應卒暴。於一切時，護持定力參究之。超上關無本可據證，放之被自礙，所以未留。乃道之十成也。誠禪定一門，最為高勝，先以十分之會，舉次轉一半之證來，只在此法。拈花破顏，禮拜得髓，皆承他之恩力，而獲大自在者也。學般若菩薩，詎不隨順者乎？

嘗觀超凡越聖，必假靜緣；坐脫立亡，能任定力。況復指竿針鎚之轉機，拂拳棒喝之證契，未是思量分別之所能解也，豈為神通修證之所能知也！可為聲色之外威儀，那非知見之前規則者歟？然則不論上智下愚，莫簡利人鈍者，放下六根，見轉全道；不生一念，坐斷十方。凡其自界他方，佛法本無異法；西天東地祖門遂開。五門等持，佛印各擅。宗風唯務單傳直指，專事飜身迴頭。雖謂千差萬別，但喜歸程祥參，何忘卻自家之坐牀？謾去來他國之塵境？若錯一步，當面蹉過。

既得人身之應，會莫虛度光陰，必憶佛道之當行，誰浪樂石火？加以形質如草露，運命似電光。倏忽便空，須臾即失。冀其參學高流，久習模象。勿真龍，早向直指端的之正道，速成絕學無為之真人。方遵百丈之規繩，遍通少林之消息。莫勞拂耳之風，更驚擊舌之響耶！但能正開自寶藏，受用使如意。

天福元年中元日　書于觀音導利院（花押）

如上的天福本與如今曹洞宗所用的通行本之文字內容有所不同；通行本中，中段增加了有關坐禪的調身調息乃至調心的具體方法——

身心自然脫落，本來面目現前。欲得恁麼事？急務恁麼事？夫參禪者，靜室宜焉，飲食節矣。放捨諸緣，休息萬事；不思善惡，莫管是非。停心意識之運轉，止念想觀之測量。莫圖作佛，豈拘坐臥乎？尋常坐處，厚敷坐物，上用蒲團。或結跏趺坐，或半跏趺坐。謂結跏趺坐，先以右足安左脞上，左足安右脞上。半跏趺坐，但以左足壓右脞矣。寬繫衣帶，可令齊整。次右手安左足上，左掌安右掌上。兩大拇指，面相拄矣。乃正身端坐，不得左側右傾，前躬後仰。要令耳與肩對，鼻與臍對。舌掛上腭，脣齒相著。目須常開，鼻息微通。身相既調，欠氣一息，左右搖振。兀兀坐定，思量箇不思量底！不思量底，如何思量？非思量！

這段是寬元元年（一二四三）癸卯冬十一月冬安居時在越州吉峰精舍示眾

的內容。道元的坐禪方法，應該也是遵照智者大師的止觀法門；不過，為了強調禪宗，援用了唐代藥山惟儼（七五一至八三四）的「非思量」話；這則公案禪話，在道元後來著述《正法眼藏》時也有出現。另在後段又增加了「專一功夫，正是辦道。修證自不染汙，趣向更是平常也」等內容，以強調道元的修證觀是「不染汙之修證」，非謂習禪之坐禪，乃是佛向上之微妙難思之祖法，即「大安樂法門」與「不染汙修證」。

在道元〈普勸坐禪儀撰述由來〉後半段跋文中記曰：

> 昔日百丈禪師，建連屋連牀，能傳少林之風。不同從前葛藤。（欲令）學者知之，勿混亂矣。禪苑清規曾有坐禪儀，雖順百丈之古意，少添賾師之新條。所以略有多端之錯，廣有昧沒之失，不知言外之領覽。何人不達？今乃拾見聞之真訣，代心表之稟受而已。

由此可見，道元撰述〈普勸坐禪儀〉的意圖，是讓日本國中之學者，真正理會教外別傳正法眼藏之如來知見，故在此〈普勸坐禪儀撰述由來〉上段中說

「吾朝未嘗得聞，矧坐禪儀則無人于傳矣。」十分明確地指出，在他之前，日本佛教未傳有坐禪之法。就這一句話，也會惱怒比叡山僧。眾所周知，天台宗有《小止觀》、《摩訶止觀》等坐禪法儀，道元本出自比叡山，自然不會不了解。不過，道元在這裡是要向眾人宣布，他所學的坐禪之法儀，全不同於天台止觀，是承繼了達磨、少林、百丈等祖道。禪學大家石井修道的著作《道元禪の成立史的研究》中指出，道元禪的思想根柢是繼承了唐代禪，而不是宋代禪。當然，石井是從多方面來論證他這一觀點的；不過，從上面這一段文字中，也可以說明這一傾向。

道元在早期的〈坐禪儀〉等著作中，十分強調唐代百丈懷海（七四九至八一四）以及藥山等的禪法，而對宋代的禪宗則抱有批判態度。例如，關於百丈清規，道元在上文就指名批判了宋代雲門下七世的長蘆宗賾（生卒不詳）在北宋元符年間（一〇九八至一一〇〇）至崇寧二年（一一〇三）編的《禪苑清規》，如上文說「禪苑清規曾有坐禪儀，雖順百丈之古意，少添賾師之新條。

所以略有多端之錯，廣有昧沒之失，不知言外之領覽。」宗賾的《禪苑清規》（也稱《崇寧清規》）是宋代所編的百丈清規，全十卷，通用於當時宋代禪林。道元認為，宗賾雖順百丈之古意，卻添有新條。

不過，道元這種追慕唐代祖師的厚古薄今之傾向，也算不得是特別心態。其實，縱觀道元的思想形成與發展，道元還是有所選擇性以及可變性的；尤其是入越之前與入越之後的道元禪思想，實有很明顯的轉變。比如說，在看待宋代諸禪師中，道元對臨濟宗的大慧宗杲（一〇八九至一一六三）以及大慧禪等甚有微詞，而對芙蓉道楷（一〇四三至一一一八）以及天童宏智正覺（一〇九一至一一五七）等則多有讚辭。道元所絕贊的古佛中，有唐代的禪師也有宋代的禪師。

關於坐禪的法門，道元於仁治三年（一二四二）壬寅三月十八日寫於興聖寺，同四年（一二四三）癸卯冬十一月在越州吉田縣吉峰精舍示眾的《正法眼藏．坐禪箴》對宏智的〈坐禪箴〉展開了思想上的發揮。不過，值得注意的是，仁治四年在二月二十六日改元為寬元元年，恐是後人編集上的原因，依舊用仁治年號。冬十一月應為寬元元年，道元則於是年七月入越州吉峰寺。

《正法眼藏．坐禪箴》是道元在天童宏智禪師的〈坐禪箴〉的基礎上，加以再說示、再加以發展與活用的一部短篇開示。依照何燕生的譯註，將部分內容錄之如下：

坐禪箴者，惟大宋國慶元府太白名山天童景德寺宏智禪師正覺和尚所撰者，即是佛祖（之所撰）也，即是〈坐禪箴〉也，道得是也。一人光明於法界之表裡，是古今佛祖中之佛祖也。前佛後佛，皆由此〈坐禪箴〉而箴；今祖古祖，皆由此〈坐禪箴〉而現成。彼〈坐禪箴〉者。即如下也。

坐禪箴　勅諡宏智禪師 正覺 撰

佛佛要機，祖祖機要，不觸事而知，不對緣而照。不觸事而知，其知自微。不對緣而照，其照自妙。其知自微，曾無分別之思。其照自妙，曾無毫忽之兆。曾無分別之思，其知無偶而奇。曾無毫忽之兆，其照無取而了。水清澈底兮，魚行遲遲。空闊莫涯兮，鳥飛杳杳。

謂〈坐禪箴〉之「箴」者，是大用現前也，聲色向上之威儀也，父母未生前之節目也；莫謗佛祖好也，未免喪失生命也；頭長三尺，頸長二寸也。

佛佛要機

「佛佛」必以佛佛為要機，其「要機」現前，即是坐禪也。

祖祖機要

先師無此語也。此道理是「祖祖」也。有法傳衣傳。大凡回頭換面之面面，是「佛佛要機」也。換面回頭之頭頭，是「祖祖機要」也。

不觸事而知

「知」非知覺，知覺是小量也。非了知之知，了知是造作也。不可度量為遍知，亦不可居量為自知。云其「不觸事」者，即明頭來明頭打，暗頭來暗頭打。坐破娘生皮也。

不對緣而照

此「照」者，非照了之照，亦非靈照，以不對緣為照也。有照之不化為緣，以緣是照故。謂「不對」者，遍界不曾藏也，破界不出頭也。微也，妙也，回互不回互也。

其知自微，曾無分別

「思」之為「知」，不必借助他力。「其知」者，形也；形者，山河也。此山河者，乃「微」也；此微者，妙也；欲使用，則活潑潑也。欲作龍，則不拘禹門之內外。今之一知纔使用，則拈來盡山河界，盡力而知也。山河之親切，我知若無，一知半解亦不可有也。不可哀嘆分別思量之來遲。已曾分別之為佛佛，已定現成而來也。「曾無」者，已曾也；已曾者，現成也。是故「曾無分別」者，則「不逢一人」也。

其照自妙，曾無毫忽之兆

云「毫忽」者，盡界也。然「自妙」也，自照也。是故，如未曾將來。莫恠眼，亦莫信耳，直須旨外明宗，莫向言中取則，此即是照也。故無偶也，故無取也。雖住持其為「奇也」，保任其為「了也」，然我卻疑著也！

水清澈底兮，魚行遲遲

謂「水清」者，懸空之水，乃清水而不澈底也。況乎泓澄於器界之水，非水清之水。邊際無涯，是謂「澈底」之清水。「魚」若行此水，非「行」無也；其行者雖行程幾萬里，然不測也，不窮也。遙之無岸，浮之無空，沈之無底，是故無人測度。若論測度，其唯是「澈底」之清水也。坐禪之功德，如彼魚行。千程萬里，誰能卜度？澈底之行程者，是舉體之不行鳥道也。

空闊莫涯兮，鳥飛杳杳

云「空闊」者，非懸於天。懸天之空，非闊空。況乎彼此之為普通者，亦非闊空。隱顯而無表裡，是云闊空。「鳥」若非此空，是飛空之一法也。飛空之行履，不可測度。飛空者，盡界也，以是盡界飛空故。此飛雖不知其飛多高，然道取卜度之外之道取，即道取是「杳杳」也。空之飛去時，鳥亦飛去也。鳥之非飛去，空亦飛去也。直須足下無係去也。參究飛去，道取曰：只在這裡也。是為兀兀之箴也。任飛幾萬里，競曰：只在這裡。

宏智禪師之〈坐禪箴〉者，如是。諸代之老宿中，無有如今之〈坐禪箴〉。諸方之臭皮袋若令其道取如是之〈坐禪箴〉，即便使盡一生二生之力，亦不可道取也。今不見於諸方，獨有此箴也！

先師上堂時，常云：「宏智者，古佛也。」其餘之漢恁麼云者，全無也。知人之若有眼目時，則亦可知音佛祖也。實知洞山（門下）有佛祖焉。

今自宏智禪師以後，乃八十餘年也。見彼〈坐禪箴〉，即撰此〈坐禪箴〉。今是仁治三年壬寅三月十八日也。自今年至紹興二十七年十月八日，前後計算，儘八十五年矣。今撰之〈坐禪箴〉是：

坐禪箴

佛佛要機，祖祖機要，不思量而現，不回互而成。不思量而現，其現自親；不回互而成，其成自證。其現自親，曾無染汙；其成自證，曾無正偏。曾無染汙之親，其親無委而脫落；曾無正偏之證，其證無圖而功夫。水清澈底兮，魚行似魚；空闊透天兮，鳥飛如鳥。

宏智禪師之〈坐禪箴〉雖非道得不是，然更須如是道取。蓋佛祖之兒孫，必當以參學坐禪為一大事也，是單傳之正印也。

如上這一段文字中，可見道元對被稱為「隰州古佛」的宏智禪師懷著無限崇敬的情愫。當然，這段文字，在涵義上不是太容易理解，具體可細究何燕生的譯註，於此就不費太多的筆墨作解析了。無庸諱言，宏智所確立的曹洞默照禪，對道元禪的思想產生了巨大影響。

關於道元禪與宏智禪的比較，在日本學界有很深入的專題性研究。比較早的有鏡島元隆《道元禪師と引用經典・語錄の研究》（木耳社，一九七四），最有成就的是石井修道的研究著作《宋代禪宗史の研究》（大東出版社，一九八七）以及《道元禪の成立史的研究》（大藏出版社，一九九一）；接著有何燕生的《道元と中國禪思想》（法藏館，二〇〇〇）等，可以參考。本書由於篇幅等原因，於此不復贅言。

道元的坐禪觀，筆者認為可以概括為三個大階段。第一階段是比叡山的止觀以及榮西所傳的臨濟禪；第二階段是入宋求法時，在天童如淨膝下所修得的曹洞禪。當然，如淨的禪與宏智的禪相比較，在提撕舉揚的方法與手段等方面，不盡相同；但是，從如淨的教導中，道元對宏智的默照禪有了很大的領悟與參究。第三階段是道元回國之後，特別是深草隱居的十數年以及入越之後的十年，道元的禪思想不斷成熟，發展成為集中國禪之大成，並與日本本土思想完美融合的曹洞禪風，這在他的《正法眼藏》中充分得以體現，包括日本曹洞宗的白山信仰等。尤其是關於坐禪法門的要諦，更有了前無古人、後無來者的獨特體悟，即道元所表達之「道得」與「道取」的真實境界。

關於《正法眼藏》的書名，在道元之前，臨濟大慧派的開祖大慧宗杲也寫過一部名為《正法眼藏》的著作。道元之著作雖與大慧的書名相同，但是其中所涵蓋的內容遠遠超過大慧的著作，而且影響也非前者可比擬。

道元的禪，是宋代禪中綿綿連續的一派唐代古德禪風。在道元入宋時的理宗皇帝當朝的時候，曾為一時之盛的曹洞宗宏智禪已顯得微弱；正如道元所說的那樣，臨濟當時得天下，尤其是提倡國家佛教的大慧派，在江南禪林獨樹一幟。道元對禪的理想與追求，是懷有對大唐大梅法常（七五二至八三九）、洞山良价等為代表之景仰的山居佛教。因此，道元對追求世間名聞利養的南宋佛教界，有著很強烈的違和感，這在道元的著作中隨處可見。道元值遇如淨，使他尋求到了嵩山以來唐代禪宗的祖風以及勝躅。正如道元的〈山居〉一詩中所抒懷的那樣：

西來祖道我傳東，釣月耕雲慕古風；
世俗紅塵飛不到，深山雪夜草庵中。

關於道元闡發古德勝行的內容，充溢在《正法眼藏》諸多篇章中；雖不能一一詳述，欲於此作概要性的敘述。茲先選擇仁治三年中（入越之前）所撰述的〈行持・上〉與〈行持・下〉兩卷的部分內容，以饗讀者。

道元在〈行持・上〉中寫道：

太白山宏智禪師正覺和尚之會下護伽藍神曰：「吾聞覺和尚住此山十餘年，常到寢堂見，不能前，未之識。」實相逢於有道之先蹤也。

此天童山，原是小院也。自覺和尚之住此，乃掃除道觀、尼寺、教院等，而為今之景德寺也。（中略）大凡自登入佛道之最初，遠超三界之人天也。非三界所使。非三界所見，須審細諮問之，須歷盡身口意及依正而功夫參究之。佛祖行持之功德，雖自本有濟度人天之巨益，然人天更不覺知為佛祖之行持所資助也。

今行持佛祖之大道，莫論大隱小隱，莫嫌聰明鈍癡，但永拋名利，莫被萬緣所繫縛，須如拂燃頭，莫使光陰空過。莫待大悟，大悟乃是家常飯也。莫願不悟，不悟乃髻中之寶珠也。唯當有家鄉而離家鄉，有恩愛而離恩愛，有名而離名，有利而離利，有田園而田園，有親族而離親族。無名利等，亦應離之。既離有，亦當離無，其道理明矣。其即是一條之行持也。生前拋卻名利而行持一事，則為佛壽長遠之行持也。今此行持，定為行持而行持也。有此行持之身心，則當自愛之，當自敬之。

如上這一段內容，可以窺知道元對佛祖行持的見地。道元認為，行持佛法，必須遠離世間的名利與恩愛等繫縛，而此法乃是身心一如的行持，非斷無之法，是不落有無執著的大乘中道之行持，所謂「佛壽長遠之行持」；而其中，特別言及了天童宏智禪師的勝行。另在〈行持．下〉中又寫道：

先師天童和尚，越上人也。十九歲棄教學而參學，及七旬亦尚不退也。雖嘉定皇帝賜紫衣、師號。（師）終不受，修表辭謝。十方雲衲皆崇敬，遠近有識共隨喜。皇帝大悅而賜御茶。知者，皆讚歎為奇代之事，誠為真實之行持也。是故愛名者，亦惡於犯禁。犯禁乃一時之非，愛名則一生之累也。切莫愚而不捨，切莫暗中受之。不受者，是行持也；捨，是行持也。六代之祖師，各有師號者，皆滅後之敕諡也，非在世之愛名。是故，須速捨生死之愛名，願樂佛祖之行持。切莫貪愛而等於禽獸！貪愛不重吾我者，禽獸亦有其念，畜生亦有其懷。然捨名利者，亦為人天所稀，佛祖無不捨之。

或曰：為眾生利益，貪名愛利。此是大邪說也，附佛法之外道也，謗正法之魔黨也。若如汝言，不貪名利之佛祖，則無利生乎？可笑！可笑！又，有不貪之利生，如何？又，不學許多之利生，稱非利生為利生者，當為魔類。為汝所利益之眾生者，當為墮獄之種類。可悲一生昏暗，莫愚蒙為利生。是故，恩賜師號，亦上表辭謝，乃古來之勝躅也，當為晚學之參究。親見先師，是逢人也。

先師十九歲離鄉尋師，功夫辦道，至六十五歲而尚不退不轉也。不親近帝者，不會帝者。不與丞相為親厚，不與官員為親厚。非但表辭紫衣，師號，且一生不搭斑駁袈裟；日常上堂、入室，皆用墨色袈裟、裰子。

教訓衲子曰：「參禪學道，第一有道心，是學道之始也。今二百年來，祖師道廢，可悲也！況道得一句之皮袋者，少也！某甲往昔掛錫徑山時，德光佛照即當時之粥飯頭也。」上堂云：「佛法禪道，不可覓他人之言句，唯各自理會。如是說之，則僧堂裡都不管也，云來兄弟也都不管也，唯只管與官客相見、追尋也。佛照殊不知佛法之機關，唯偏貪名愛利也。佛法若是各自理會，奈何有尋師訪道之老古錐哉？真個是光佛照，不曾參禪也！今諸方長老之無道心者，唯光佛照個兒子也，佛法哪得他手裡有？可惜！可惜！」於如是說，佛照之兒孫雖多有聞者，然皆不怨。

又曰：「參禪者，身心脫落也。不用燒香、禮拜、念佛、修懺、看經，只管坐始得。」

誠然，今大宋之諸方，掛參禪名字，稱祖宗遠孫之皮袋，非但一、二百，乃稻麻竹葦也。勸誘打坐於打坐之輩，絕而不風聞也。五湖四海之間，唯先師天童而已矣！諸方雖亦同讚天童，然天童則不讚諸方。亦有不全知天童之大剎主。雖是生於中華，然當為禽獸之流類也！當參而不參，徒使光陰錯過故。可悲！不識天童之徒輩，以喧嘩胡說亂道，錯認之為佛祖之家風。

先師日常普說：「吾自十九歲以來，遍經諸方叢林，無為人之師。十九歲以來，一日一夜，無不不礙蒲團之日夜。某甲未住院來，不與鄉人語，以惜光陰故也。於掛錫之處在，庵裡寮舍，全無人見，況乎費功夫於遊山玩水哉！坐禪於雲堂、公界外，或於閣上，或求於屏處，獨自住之，坐禪於穩便之所。常念，將坐破金剛座，是求所期也。亦常常有臀肉爛壞，是時則益好坐禪。某甲今年六十五載，老骨頭懶，雖不會坐禪，因憐十方兄弟，住持山門，曉諭方來，為眾傳道也。諸方長老，哪裡有甚麼佛法故耳。」

如是上堂，如是普說也。

如上一大段文字，是道元追憶在天童參學時，所見聞先師天童如淨禪師的諸多言行的內容。道元藉此說示如何方可遠離世間的貪名愛利，如何方算是真正坐禪辦道等佛法禪道之要諦。道元認為，貪名圖利者，如同禽獸一般；這裡特別引用了如淨的言語，指名道姓舉了一個宋代的大禪師，那就是大慧宗杲的大弟子佛照禪師拙庵德光。

說德光貪愛名利，不曾參禪，言辭似乎有點過激。道元參訪大宋叢林的時節，臨濟宗大慧派等的勢力如日中天，諸方住持的尊宿大多是德光的弟子，如天童無際了派、長靈思卓、徑山淅翁如琰等皆是；還有德光的師兄弟無用淨全，也頗有道譽，其弟子笑翁妙堪與如淨的交往頗為深厚。其實，如淨也曾在德光的會下參學過，故與無際了派等都是同參道友；如淨在南宋叢林之所以能夠活躍，與這些大慧派禪僧有著很深的淵源關係。因此，如淨當時也許出於某種必要，在上堂或普說時曾論及德光等人的事，但語氣未必會如此辛辣！

道元批判大慧派，最激烈的就是入越前後的一兩年中，這就很容易使人想起，這正是能忍、覺晏相繼死後，達磨宗徒們因受到比叡山的壓迫，四散各地，一部分會聚到道元深草與聖寺的那一段非常時期。筆者認為，道元批判大慧派的同時，其實也含有對達磨宗的批判成分在內。

道元出身貴冑簪纓之家，對官場卻天生就存有一種厭惡的感情；因此，幼年出家，就強烈追求解脫世累與擺脫束縛。如淨的古樸淳厚禪風，自然在道元眼中有著灼灼光芒。如淨十九歲入道，遍參尊宿，到了中年之後方出山住持道場；在當時的叢林中，「長翁如淨」之名，頗為人稱道。

道元不喜歡世榮，看到南宋禪林五山官寺中的權勢階級的某些趨世作風自然頗為不喜。然而，在當時徑山、靈隱、天童、淨慈等國家大寺中，住持僧若沒有皇族、貴冑、官僚以及地方士紳的支持，也的確難以養活數以千計的寺僧。因此，平素的如淨穿著墨色直裰以及袈裟，在祝聖等時就不可能如此。如淨上表辭謝賜紫，道元為之傾倒；如淨此舉當然是六代祖師風範，卻並非是當時宋代叢林的主流作風。如淨的光輝形象，是道元作為雲水僧所塑造的一種神話化的理想祖師像；如淨許多出入世間的方便，未必全部表現在如淨的言語之內；或者說，也不是道元參學三年中能全部知曉的。大慧以及大慧派禪僧利用朝廷以及官家勢力，在崇尚儒教的宋代，自然也有其現實意義與必要性。

眾所周知，「王法」與「佛法」的地位上下問題，是中國唐代以來十分敏感而難以避免的大問題；而在道元時的日本，這問題則遠比中國來得不甚重要；在中世的日本，佛法始終有著凌駕王法之上的神聖地位。因此，在論議乃至研究道元所主張的佛法禪道之時，不能不理智地考究當時中日之間不盡相同的國情與政治制度。儘管如此，道元當時仍不時受到來自比叡山僧等權勢階層的壓力與反感。

道元的絕對出家主義以及徹底坐禪辦道的宗教立場，無疑是繼承和發展了如淨的古樸禪風；尤其是主張隱居深山幽谷，不親近權勢官家，遠離世俗名利的思想，確是受到了唐代洞山祖師乃至宋代芙蓉道楷、天童宏智以及如淨的影響。特別是如淨只管打坐、甚至坐到爛壞臀肉的嚴格行持，對道元禪的形成與展開具有重要意義，在當時坐禪之法尚未完全為日本社會所接受的狀況之下，有著很大的說服力；也成為道元弘法初期，以之激發門下弟子們勇猛修習禪道的重要法門與有力教義。

道元在深草閑居十年餘間的撰述相當豐富，將於「影響」部分作概要性的介紹。

移錫越前

上文已經說到，道元隱居深草，受到來自比叡山方面的壓迫，同時門下也陸續會聚了懷奘、懷鑑以及義演、義介、義準、義存等達磨宗徒，成為道元原始教團的主要成員；當然，其中也有如義準等人後來的改宗分離。還有比叡山出家，後來曾兩度入宋（建長五年〔一二五三〕與文永元年〔一二六四〕）參學，並在肥後地區形成曹洞宗法皇派祖的寒巖義尹（一二一七至一三〇〇），於仁治二年投道元門下。素來一直認為義尹也屬於懷鑑門下的達磨宗徒；但是按最近的研究，則認為義尹未必是達磨宗的門徒。

無論如何，道元在離開建仁寺後，隱居深草十年多中，也沒有離開過舊佛教以及比叡山僧的視野與注意力；尤其是懷奘以及懷鑑等達磨宗人的投奔，道元更引起了當時的注視。由於道元的禪法弘揚，又一次成為比叡山僧悵恨以及敵視的對象，道元在京城郊外的說法活動，日益受到諸多限制與干涉。在這種嚴峻的時勢下，道元在深草的閑居生活不得不告終止，只得轉移到遠離大都巨邑的地方去，另建道場，重整旗鼓。

關於另建道場的選地，根據《建撕記》的記載，道元門下的檀那眾（施主）推薦了十二處山林園地作為候補。但是，有的離開京畿太近，有的太偏遠而難行，故一時難以決定。恰好武士波多野義重願意提供知行地越前志比莊的山林作為新的弘禪之地，道元遂決定應請而入越。

據大久保道舟的研究，認為入越比較符合道元的希望。道元的恩師出生於中國的越州，因此道元對此有一種特殊的感情。當然，決意入越的另一個原因，是於仁治二年（一二四一）春，與前來投奔的懷鑑等有很大的關係；因為懷鑑等本是越州波著寺的僧眾，有著很強的地緣與人緣。

波多野義重是道元最為信任的檀那之一，所推薦的越前志比莊，據京都東寺百合文書嘉曆元年（一三二六）十一月十二日的〈武家御教書〉中記載，原是東寺最勝院的領地，於正中元年（一三二四）捐贈給東寺，當時波多野出雲次郎左衛門尉通貞任地頭之職；波多野氏與志比莊的關係比較久遠，在義重以前便屬於波多野家族所管轄。義重當時是北條幕府的武士，居處在京都六波羅寺的附近，而領有志比莊，故邀道元去彼處建道場，弘揚禪法。

據道元在深草興聖寺所撰述的《正法眼藏．全機》文末記道：「於時仁治三年壬寅十二月十七日在雍州六波羅蜜寺側雲州刺史幕下示眾。」可見，波多野義重是道元的有力護持者之一。而且，在翌年的寬元元年癸卯四月二十九日，道元又在六波羅蜜寺宣說了《正法眼藏．古佛心》，是年閏七月一日講述《正法眼藏．三界唯心》。關於此卷的撰述時間與地點，道元在卷末記曰：「爾時寬元元年癸卯閏七月初一日在越宇禪師峰頭示眾。」道元正式入越的時間，《建撕記》上說是七月末；如此而言，這是道元入越的最初的說法。

道元離開京都，移錫越前吉峰寺，是應前雲州刺史波多野義重的招請，他是道元入越的一大助緣。

就在當時的各種助緣下，道元於七月末帶著懷奘、義尹、義介等入越。其中，懷鑑的門人義介為越前出身，對當地的風土人情甚是了解。

移錫吉峰寺後，道元繼續說法示眾，留下了很多《正法眼藏》的名篇，亦將於「影響」部分予以概述。

創建永平

從上文可知，道元初入越州，在吉峰寺（或稱吉嶺寺、吉峰精舍等）以及禪師峰下茅庵駐錫行化，示眾說法。據《訂補建撕記》記載，於此同時，在大檀越波多野義重以及俗弟子覺念等的資助策劃下，籌建一寺。在寬元元年閏七月十七日得到建寺土地動工，工事大概到翌年二月告一段落，四月二十一日法堂立基立柱，翌日申刻上樑，到了七月初時節，大體完工；七月十八日，道元由吉峰寺移錫，舉行入寺儀式。道元將之命名為「傘松峰大佛寺」，九月一日舉行了竣工慶讚大法會。此後，繼續建造僧堂，於十一月三日舉行上樑儀式，並在寬元三年（一二四五）四月結制安居前全部竣工。

在《永平廣錄．第四》中有「當山始有僧堂，是日本國始聞之、始見之、始入之、始而坐之，學佛道人之幸運也」之語，可略見道元當時對大佛寺的建成，心懷歡悅之情狀。

不過，據說大佛寺的位置，並不是現在永平寺的舊址，尚有一段距離，現址是永平第五代義雲時移居。道元於寬元四年（一二四六）六月十五日，改大佛寺為「永平寺」。寶治二年（一二四八）十一月一日，將傘松峰之山號改為「吉祥山」。爾來，吉祥山永平寺之名稱，至今未更。據大久保道舟的研究，當時草創的大佛寺，規模不大，而且簡陋。

道元在大佛寺內的說法，載入《正法眼藏》中大概有五卷，將於「影響」部分予以概述。

道元於寬元四年（一二四六）六月十五日將寺名改稱永平，並製定〈知事清規〉；七月十七日值逢如淨示寂之忌日，翌日正式住持此寺。道元在建立伽藍的同時，又確立了僧眾安居的行事規範。

眾所周知，「永平」是東漢明帝的年號。據史書記載，永平七年（六四）年，漢明帝因夢見金人飛庭而至，乃得佛法感應，遂遣秦景等往西域求法。同十年（六七），中印度梵僧迦葉摩騰與竺法蘭來到洛陽，傳來《四十二章經》。之後，佛法於是濫觴於東震。道元以「永平」改稱寺名，意味著真正佛法的到來，正如漢地得傳佛法之始於永平年間，而日本始有正法，乃在永平之地。在嘉曆二年（一三二七）所鑄的永平寺大梵鐘銘文中記曰：

夫永平者，佛法東漸之曆號，扶桑創建之祖蹤；鷲嶽之一枝於是密密，少林之五葉至今芬芬。

正如實地道出了道元的心聲。另在《永平廣錄．上堂》中，道元示眾說：「故永平今茲入院，晚參行古規也。」又有：

天有道以高清，地有道以厚寧，人有道以安穩，所以世尊降生，一手指天一手指地，周行七步曰：天上天下，唯我獨尊。世尊有道，雖是恁麼，永平有道，大家證明。良久云：天上天下，當處永平。

由此可見，道元開闢永平道場之偉大抱負。

嚴守清規

禪家的清規，上面已經言及宋代的《禪苑清規》，道元在越前創建寺院，乃為安眾參禪辦道；而根據《禪苑清規》再製定永平的清規，乃是培養僧德，整治道風，以紹隆佛種。此外，道元秉持《梵網》菩薩戒儀，一則早年在比叡山所受天台宗大乘戒法，後又由天童如淨傳授菩薩大戒。道元對菩薩戒的授受特別重視，歸國後並作為菩薩戒師廣傳大戒；因此，至今的日本曹洞宗依舊保持這一傳統。

道元在寬元四年六月十五日，撰述了〈永平寺知事清規〉一卷。文中將禪門六知事，即都寺、監寺、副寺、維那、典座、直歲等六大要職的典據與故事以及心得與要領一一點示，認為禪門代代傳持有尚，而且必須由碩德有道之僧來承擔。道元在文中拈提開示，認為知事就任之時，便是佛門學者得以大悟發明之時，為此列舉古德之芳蹤以說明之。

前文已經提過，道元曾在宋時得到老典座的大恩，而撰述了〈典座教訓〉，以論述辦僧食與辦道的一致性。此外，道元還根據在天童僧堂所學的僧食法，寫了〈赴粥飯法〉一卷，說明在僧堂修行，朝食（早餐）必須喫粥，晝食（午餐）喫飯，夕食（晚餐）乃必謂之藥石。因為，在印度非時不食；東震佛家因則農作等原因，始進晚飯，但仍視之如治病之藥石，聊以滋養幻軀而已，故即便攝取，也只是少量。道元於此卷中，具體講述了用餐的作法，並再三警示學人，食事食法乃與佛道渾然一體，食輪轉則法輪轉，是一如之辦道。文中詳細敘述了入堂、上牀（禪牀、單）、下鉢、展鉢、首座施食、喝食、行食、受食、洗鉢、下堂、放參的次第以及步驟。至今，日本曹洞宗各大僧堂內依舊恪守此赴粥飯法。

另外，在寬元四年（一二四六）七月十日，道元親筆撰寫了〈永平寺佛前齋粥供養侍僧事〉一文，規定在佛前供養粥飯的侍僧的順序與站立位置等。在同四年八月六日，道元撰述〈永平寺示庫院文〉一卷，講述了在大庫院（亦稱庫裡、香積臺、庫房等）的作法與心得。特別是典座調度齋粥，必須有互敬互助的篤誠之念，按照清規施行禮節以及用正確的語言表達，細心周到地執行各自法務，此則為保住佛祖之命脈以及衲僧之眼睛。此文與〈典座教訓〉可謂是姊妹篇。

其他還有具體撰述年月不詳的〈永平寺今告知事〉一卷。在文中，道元講到在宋代禪林中，午後檀越供養飯食，必須放到翌日再用；不過，如果是麵、餅、菓子（點心類）、粥等食物，則可充當藥石進用無礙；並說永平寺在降雪寒冷之夜，開許進食藥石（晚餐）。在祖山本，即九十五卷本《正法眼藏》中附錄於八十二卷〈示庫院文〉之文末，署名為「開闢永平寺希玄」（希玄是道元在永平寺所用法名）。

道元的清規思想隨見於他的諸多著作中，鑑於此書篇幅有限，容以後再作細考。

鎌倉行化

據《元祖孤雲徹通三大尊行狀記》、《建撕記》等記載，道元於寶治元年（一二四七，四十八歲）八月三日，應北條時賴將軍的邀請，將寺務託付弟子義介，出山往相州鎌倉，在名喚「名超」的白衣家中掛錫六個月，為諸大檀越以及俗弟子等說法，並於寶治二年（一二四八）三月十三日，回歸永平寺。此事在《永平廣錄・第三》中記道：「八月初三日，出山赴相州鎌倉郡，為檀那俗弟子說法」。並在同書「第十」中說：「半年喫飯白衣舍」、同書「第三」中也說：「寶治二年戊申三月十四日上堂（中略），今年今月昨日歸寺。」由以上可見，記事與史實相符合。

道元鎌倉之行的緣起，在學界內有多般說法。一般的說法是，由於將軍時賴的招請，包括將軍家的隨兵、供奉人等，或是建立永平寺的大檀越波多野義重，或者為參學門人鎌倉光明寺開山記主禪師然阿良忠（一一九九至一二八七）等人的懇求。不過，這些說法中，有些因與時間等方面難以吻合而受到質疑。特別是納富常天認為，道元在鎌倉的半年間，因為良忠不在鎌倉，所以沒有可能相見。

請道元到鎌倉的背景，或許與藤原定家的女兒藤原因子有關係。因為，二代將軍北條義時（一一六三至一二二四）的女兒曾嫁給道元的兄長定通以及堂兄弟通時為妻子，有通婚聯姻的親密關係。此外，據《吾妻鏡》上記載，鶴岡八幡宮別當定親以及三浦泰村的妻子分別是久我通親的子女，相當於道元的弟弟和妹妹。此外，當時活躍於鎌倉宗教界的松殿法印良基、晝僧承澄（藤原師家之子，一二〇五至一二八二）也與道元為表、堂兄弟關係，尊澄法親王則是道元的叔父。因此，道元的鎌倉之行，或有族中人的慫恿以及內援。

不過，在大久保道舟的著作中，對道元的出山緣起以及鎌倉的行化動機等，有不盡相同的見解。大久保認為，從道元的宗教情操與理想來看，不會因為權貴北條氏的招請而輕諾出山；加上道元入越僅僅五年許，不會隨意決定離山去關東鎌倉。出山的主要原因應是，為創建永平寺不辭勞苦的大檀越波多野義重、以及淨土宗大德光明寺院開山良忠上人、還有身邊的弟子等人之懇請。並言及良忠與道元的交流，早在貞永元年（一二三二）前後，良忠就慕名去參訪剛入宋得法回來的道元，請教禪道要義。因為這個緣故，道元在鎌倉只能受到官僅五位的波多野之照顧，掛錫寓居在名超（或寫作「名越」）的往古（今那古谷）白衣舍中，而不在佛門名刹內說法；道元的動機，是為了去鎌倉為大檀越波多野以及俗弟子們說法。

大久保認為，道元並沒有任何政治上的意圖而去親近權貴，也沒有為了擴張自己的教線與勢力的野心，更沒有獲得資緣財寶的奢望，純粹是出於行大悲心、救度眾生而已。

據《建撕記》中記載，道元在鎌倉為北條時賴等道俗男女傳授了菩薩大戒，時賴還曾恭請過道元在將要籌建的大寺院裡做開山祖師。這座寺院應該是於建長五年（一二五三）創建之鎌倉五山第一位的建長寺，後來時賴恭請東渡而來的蜀僧蘭溪道隆（一二一三至一二七八）做了開山祖師。至於道元與道隆之間的關係，據《建撕記》記載，道元留錫鎌倉時與東渡後寓居住在太宰府博多圓覺寺的道隆之間有書信往來，這是道元回覆道隆於寬元四年（一二四六）秋時的來函；大久保的著作對此內容的真偽等問題有詳細論說，本書因篇幅有限，兩者的信文內容略而不錄。道元在鎌倉還應時賴所請，寫下了十首漢詩，即是所謂的〈永平道詠〉。

道元作為授戒師傳授梵網大戒，在當時確實有名；在是年一月去鎌倉前，剛在永平寺內傳完菩薩戒。但是，素來禪戒嚴格的道元，竟會答應時賴獻詩十首，大顯文士風雅，實令人感到有些意外。

雖有以上如此這般的緣故，但縱觀道元在鎌倉之行化，從結果而言，未能讓道元感到滿意；而且，事實上，他與北條時賴的相處並不見得投機。據《建撕記》記載，道元辭別鎌倉，歸至永平後，最明寺殿（時賴）有意捐獻土地給永平寺領用，遭到了道元回絕。不過，弟子首座玄明卻又拿來時賴的「土地寄進狀」（捐獻公文）在永平寺中宣傳，不由引起道元大怒，將玄明趕出寺院，這就是所謂的「玄明擯出事件」。將人趕出去了，仍消除不了餘怒，道元還把玄明的禪牀給截斷了！猶不解怒，竟然將禪牀下的土挖去三尺！由此可見道元孤高性格之一斑。道元視名聞利養猶如弊履，關於此事，在《三祖行業記》中記道：

寶治元年丁未，東關西（最）明寺召請，受（授）菩薩戒奉留住。建立寺院欲開叢席，雖堅請留，堅辭去下越州。恭敬餘為遂願心，雖供養越州六條，不受之。

由此可見，道元對時賴的發願供養，一概予以拒絕了。

道元回山後的心情，可以從《永平廣錄．第三》中歸山第二天的〈上堂〉

中的一段文得見：

（前略）歸山底句，作麼生道？山僧出去半年餘，猶如孤輪處太虛。今日歸山雲喜氣，愛山之愛甚於初。

道元回到永平寺，山上的白雲也為他顯出喜氣洋洋的雲氣，道元的「上堂語」道出了，歸山後的那分愛山之心，更勝初入山時之喜悅滿懷的心聲。

道元此時四十九歲，離開謝世的建長五年（一二五三）八月二十八日，只留下約五年半的光陰了。

第五章　當歸永平・京都入滅

寶治二年（一二四八）～建長五年（一二五三年八月二十八日）

從今盡未來際，永平老漢恆常住人間，晝夜不離當山之境，雖蒙國王宣命亦誓不出當山。其意如何？唯欲晝夜無間精進經行，積功累德故也。以此功德先度一切眾生，令見佛聞法，落在佛祖窟裡。

不離叢林

道元自從鎌倉行化歸山之後，一直法體欠安。關於在鎌倉逗留中的動靜，一向撲朔迷離，說法莫衷一是。在鎌倉寓居白衣名超的舍中，於寶治二年（一二四八）二月十四日曾有〈鎌倉名超白衣舍示誡〉一篇。這是引用《大般涅槃經・卷十七》中關於阿闍世王殺死父親頻婆娑羅王以奪取王位之故事而說因果之理的開示。文末署名為「薦福住持比丘曇希護持」，曇希是薦福山寶慶寺開山寂圓的法孫，永平寺五世義雲的弟子，薦福第三世，後繼義雲法席為永平第六代住持。

道元在永平寺的說法開示有寬元四年（一二四六）九月十五日的《正法眼藏・出家》一卷。此卷中，依據《禪苑清規》、《大般若經》、《大智度論》、《法華經》等經典來闡述，欲成就佛祖之大道，必須出家受戒；因出家受戒之日，便是成道之日，因果相成故。道元嚴正地指出「尚未出家者，即非佛法」。道元在晚年，特別強調出家的重要性與功德利益。

《正法眼藏》中記載道元在永平寺的著述並不是很多，包括《正法眼藏・三時業》（建長五年三月九日）、《正法眼藏・四馬》（建長七年夏安居日）、《正法眼藏・出家功德》（建長七年夏安居日）、《正法眼藏・供養諸佛》（建長七年夏安居日）、《正法眼藏・歸依三寶》（建長七年夏安居日）、《正法眼藏・深信因果》（建長七年夏安居日）、《正法眼藏・四禪比丘》（建長七業〉的記錄時間在道元圓寂之前，其他都是弟子永平第二代懷奘在道元示寂後年夏安居）、《正法眼藏．唯佛與佛》（弘安十一年春晦日）等；除了〈三時的建長七年（一二五五）夏安居時補寫的遺著，〈唯佛與佛〉更是在弘安十一年（一二八八）、即懷奘示寂八年後才抄出的作品。

其他還有一些年號未記的著作，如《正法眼藏．生死》、《正法眼藏．道心》、《正法眼藏．受戒》、《正法眼藏．一百八法明門》等。由於本書篇幅有限，這一部分的開示，只能將其梗概解說於後。

道元在永平寺的說法，有侍者懷奘編撰，後由曇希刻版付梓的《永平元禪師語錄》之〈住越州吉祥山永平寺語錄〉等內容。

最後垂示

道元於寬元二年（一二四四）夏開創大佛寺、後改名永平寺，於此山中弘揚正法眼藏，除去鎌倉半年教化之外，一直在永平寺內坐禪辦道，教化弟子無數。於建長四年（一二五二）夏時，道元身感微恙；到了十月，在身體已經十分虛弱的狀況之下，最後一次上堂示眾。

到了翌年（一二五三）春，病情開始惡化。因此，於七月十四日將法席讓給懷奘，推舉懷奘為永平寺第二代住持。

道元的最後垂示是《正法眼藏．八大人覺》，在卷末記為「建長五年癸丑正月六日寫於永平寺」。不過，據大久保道舟的研究，道元於建長四年臘月便開示此卷，這是因為此時病情日益轉重，道元預知餘命不久，於是以安世高所譯的《八大人覺經》來向弟子們作最後的垂誡開示。道元開章明義地說：

諸佛是大人也，大人之所覺知，所以稱八大人覺也。覺知此法，為涅槃因，

我本師釋迦牟尼佛，入涅槃夜，最後之所說也。

然後講述了此經中少欲、知足、樂涅槃、勤精進、不妄念、修禪定、修智慧、不戲論的八項內容。

當然，道元所解說的八項內容，與實際的經文有所不同。道元並說，此八大人覺，一一各具八，即六十四，更加廣而言之，則為無量！六十四乃為略說而已。這是釋尊最後的說示，乃為大乘之教誨，於二月十五日夜半之絕唱，之後再無說法，遂入般涅槃。道元以此《八大人覺經》作最後說示，也如釋迦佛一樣，向大眾說明自己不久人世，希望門下弟子們乃至山內雲衲，當思無常，切莫懈怠，修道如救頭燃。道元此時已經預知時至，臨命終前抱病說法示眾。

上足懷奘到了建長七年，讓直傳弟子義演將此最後垂示，校核書寫，此文末識語（後跋文）如下：

如今建長七年乙卯解制之前日，令義演書記書寫畢。同一校之。右本先師最後御病中之御草也。仰以前所撰假字正法眼藏等皆寫改，竝新草具，都盧一百卷可撰之，云云。既始草之，御此卷當第十二也。此之後，御病漸漸重增，仍御草案等事即止也。所以此御草等，先師最後之教敕也。我等不幸而不拜見一百卷之御草，尤所恨也！若奉戀慕先師之人，必書此卷而可護持之。

此釋尊最後之教敕，且先師最後之遺教也。

懷奘記之

上面懷奘的漢文後記，是帶有一些日文語氣的文字表達。此中說明了此卷撰述與整理書寫的因緣與次第等；文中所言「假字」，即指日文假名文字，純漢文體的文字則稱為「真字」。道元所著《正法眼藏》，有些用真字，亦有些用假字。

懷奘在先師道元圓寂二週年的冬安居解制之前日，令弟子義演將此卷重新校核並書寫出來，反映出他對其先師道元的追慕之情，以及作為弟子孝敬先師的拳拳之心。

臨終遺誡

如上所說，道元預知時至，而向山內大眾最後垂示〈八大人覺〉。其後，病情日益轉重，到了是年七月八日，病勢愈顯沉重。在〈永平室中聞書〉中記曰：「七月八日，御病重增發，義介驚而參拜。」可見，弟子義介因道元病情急變而吃驚，急急趕到病榻前問候。因此，同月十四日，道元將住持之位讓與弟子懷奘，並將自縫的袈裟一領親手付囑，以表師資相承之信。此袈裟，在道元圓寂後住持永平十五年間，懷奘在上堂、布薩等重要法會中每每著用；在道元滅度後二十七年中，日夜護持頂戴，可見孝心之殷。

之後，懷奘將袈裟直傳給徹通義介（一二一九至一三〇九），義介傳給瑩山紹瑾，紹瑾傳給明峰素哲（一二七七至一三五〇），素哲傳給祇陀大智（一二九〇至一三六七），六代相承，以示法流不斷。

道元是年五十四歲，弟子懷奘五十六歲，義介三十五歲。據《永平寺三祖行業錄》記載，年長道元兩歲的懷奘曾問道元：「和尚為什麼行一切事，必以某甲令始行，和尚不自行乎？」道元答道：

當山者，佛法勝地也。令法久住是所望也。我自公雖少，必可短命；公自我雖老，必可長壽。我佛法必至公弘通來際，流傳無窮，即公兒孫耳。所以鎮山門，故令公行事始，蓋是為令法久住也。

由此可見，道元對弟子懷奘的絕對信任及其殷切期望。

此外，對弟子義介也寄予特別的關愛與期望，建長五年七月八日，義介至道元病榻前，道元對之諄諄加以垂示遺誡。據〈永平室中聞書〉中所記，道元對義介說：

今生壽命此病必覺限。凡人之壽命必有限，然而非可任於病，日比被見之樣。我隨分合力人，彼此加醫療，雖然全不平癒，此又不可驚。但今生於如來佛法，雖有未明知之千萬，猶悅於佛法，一切不發邪見，正是依正法取正信。其大意者，只如如來之所談，一切無異，可被存其趣也。然當寺依為勝地，雖執思處，其又可隨世隨時，佛法於何地而為所行之勝地也。但國土安穩之間，檀那定可安穩；檀那安穩者，寺中必安穩焉。然汝寓住已及多年，又為院門之先達，縱雖我滅後，有寺院僧眾合力，可守我佛法，若自他遊而歸來於本寺，庵居寓住可任汝意。

道元在永平山中，雖然盡人力而治療，但終不見痊癒；自知病體康復無望，遂作最後遺誡，可見道元對義介之器重。而義介聞此遺囑，不覺涕零，在病榻前誓言：「付寺付自如先途，殊子細不候。一切不可背御命矣。」道元聞之，亦落淚合掌垂語曰：「尤本意也。我先年見汝，於世間非不覺，又於佛法隨分有道念，皆知其情，唯未有老婆心；其自然重歲之程，必可有之。」道元指出義介猶少「老婆心」，因年紀尚輕故；又說義介時時離山外出等，勉勵之中，直示告誡。

義介為越州本邑人，又是達磨宗波著寺懷鑑之長嫡；道元雖然器重他，於平時也不宜言語太重；此間委細，頗見其中微妙關係。此時，道元病篤，言詞十分中肯。

於七月二十八日，義介離寺五日後返，道元又一次喚其入室對義介述說自己的病情以及欲將上京療病等諸事，希望義介能克己奉公，在師離山之後，好生照顧寺院諸事。據〈永平室中聞書〉中所記，道元在臨別時囑咐道：

去比決定命終思居處，於今存命矣。然自六波羅度度可上洛之由被申下，依之縱命終而可申置事等多般也。兼又為醫療，來八月五日可上洛也。路序之間及京中，雖隨身可然，寺院一向依無可然之人，可為今度留守。寺院事等入心可照顧，今度何左樣決定終覺也。縱若不付滅，今年在京歟。於寺一向不可被思他人寺，可被思我寺也。當寺雖不充於職，度度勤奮也，萬事相計可被為沙汰也。當時者依忩忩不委細，逐自京重可申付事多，若又今度存命下向之時，我祕密事等必可教汝；但人之始執行事之時，小人妬之，故如是等事由，不可令知他人。偏於世間出世，知有其志氣，唯未有老婆心，今度歸參早早之由，此等之條也。

從上文中可知，道元對義介囑咐中之深意；義介在師臨終前受命，又多訓誡之語。古來師弟之義，蓋如是真誠無間、坦蕩如斯。

上京治療

道元臥病在永平寺中，病勢加重；雖然如此，道元本就沒有出山的想法。不過，也許是因為七月十四日已經將住持法席讓與弟子懷奘，加之山內的醫療條件不充分等諸原因；也許，更重要的是，當時在京師供職的雲州太守波多野義重為首之檀越們等的不斷懇請，道元為此動了真情，於是最終決定上洛（京都的別稱為洛陽）治療。

據《永平三祖行業記》中的懷奘傳所記：「元公上洛，八月五日隨從而上。」中可知，建長五年（一二五三）八月五日，道元在懷奘等一行的護送下，從永平寺出發，當天在離寺約七八里處的脇本旅館暫宿了一夜。翌日，道元囑咐義介代理照料寺院上下事務。後來在義介所編錄的〈永平開山御遺言記錄〉（又如上稱之為〈永平室中聞書〉）中記道：「同八月六日，義介於脇本御旅宿賜暇。」義介此刻對道元說道：「今度御共尤雖本望，隨仰歸寺。若有御延引之時，為拜見欲參洛，可蒙御許哉！」道元面對前來道別的義介，語重心長地說道：「我思寺院故，留置汝。相構寺院能可照顧也。汝當國人，故鑑師弟子，故斯國中多知之，付內外有存子細，故留置。」義介於是當下領命監管寺院。義介在後來抒懷道：「是則最後拜顏，最後嚴命也。尋常銘肝不忘也。」於此，可盡見當時惜別之悲情。

義介雖也甚早以達磨宗懷鑑之徒的身分參學道元，但也許是道元的禪風峻厲、法度謹嚴的緣故，義介依舊懷藏著達磨宗血脈；因此，道元真正傳法的弟子只有懷奘、僧海、詮慧三人而已。僧海不幸英年夭折，詮慧繼席深草興聖寺後，不久又改宗他往；因此，道元真正的法嗣只有懷奘一人了。可見，欲打出宗門堪稱法器之一人乃至半人，甚是不易！道元雖然器重義介，也由於諸多緣故，雖付遺訓，而猶未能瀉瓶（即付法）。

據《建撕記》記載，八月六日道元一行，翻過木芽峠（峠為日本漢字，意為山坡，也稱木之部山），由若狹從丹波路前往京都。在翻過位於今日南條與敦賀兩郡之木芽峠時，道元目送著北越之壯麗山川，心懷依戀地詠出和歌一首，載於《建撕記．卷下》。此處，後來成為日本曹洞宗之勝地之一，筆者昔日在永平安居時，曾隨眾參拜過此遺蹟。

圓寂入塔

關於從木芽峠到京都的行旅情況，由於缺乏史料，難以一一詳知。不過，按路程等來推測，道元一行抵達京都高辻西洞院俗弟子的府邸，最遲也應該不會過了八月中旬；因為，《建撕記》中記載了道元於八月十五日中秋之夜，在病榻前詠出的一首和歌。

至於俗弟子覺念這個人物，也難知其詳。不過，據大久保道舟的研究，認為從《建撕記》的記錄來看，也許是在寬元元年時與波多野義重一起協助道元入越，並贊助道元籌建大佛寺的那位所謂「今南東郡之左金吾禪門覺念」的俗弟子。覺念本貫是越州，此時與波多野重義共事於京都。不過，筆者認為「覺念」是皈依居士的法名；以前筆者曾推測可能就是波多野義重的法名，因為沒有確證，不敢立論。但是，即便不是波多野義重本人，此覺念也一定是與波多野有密切關係的豪族出身之官人或武士。

道元到了覺念的府邸，覺念等弟子請來了京都的名醫予以治療；可是，此時的道元已經病入膏肓，良藥已難以挽救道元惡化的病勢。道元自知一期將盡，某日於室內淡定宴坐後，經行中輕吟了《法華經・如來神力品》中如下的一段經文：

若於園中，若於林中，若於樹下，若於僧房，若白衣舍，若在殿堂，若山谷曠野，是中應起塔供養。所以者何？當知是處即是道場，諸佛於此得阿耨多羅三藐三菩提，諸佛於此轉於法輪，諸佛於此而般涅槃。

道元吟誦後，又將此段經文書寫在面前的木柱上，然後再提筆將此處題名為「妙法蓮華經庵」。由此可見，道元對《法華經》的尊崇之深。

據《建撕記．卷下》記載，由於藥石無效，道元於八月二十八日（陰曆）寅時（凌晨四時左右）書下遺偈：「五十四年，照第一天。打箇𨁝跳，觸破大千。咦，渾身無覓，活陷黃泉。道元」，然後擲筆，於室中寂然入滅。此遺偈墨蹟，據說至今猶祕藏在京都府竹野郡彌榮町芋野的安養寺中。

圓寂時，弟子懷奘以及俗弟子波多野義重、覺念等不禁悲嘆流涕，痛惋恩師僅以法壽五十四年，走完了一期不同尋常的生命旅途。除了法嗣懷奘、僧海、詮慧（京都永興寺開山）三人之外，道元生前剃度弟子三百餘人，傳授菩薩戒弟子共七百餘人。

據《建撕記》記載，道元圓寂後，遺骸由弟子與檀信徒們護送到洛陽（京都）天神中小路之草庵；在波多野義重的周旋下，又護送到東山赤辻的小寺，移入龕中如法舉行了荼毗法會。

建長五年（一二五三）九月六日，懷奘奉持道元的舍利，從京都出發，於十日酉時抵達永平寺。於十二日申時（下午四時許）舉行了入涅槃之法會，並於寺之西北隅建立舍利塔，塔號「承陽庵」（《建撕記．卷下》所記）。不過，據建撕的師父、即永平寺第十三代住持建綱所撰述的《寶慶由緒記》記載，「承陽庵」（現稱為承陽殿）是道元在世時，為祭奠先師天童如淨而建的祖師堂。由此可見，建撕所記的「承陽庵」本來就已經存在，只是重建了道元的新塔，與天童如淨合祀而已。

據說，入涅槃的法會後，覺念將道元臨終前在室中木柱子所留下的「妙法蓮華經庵」以及〈如來神力品〉一段經文的遺墨，運回了越前，在今南東郡月尾山下建庵供養。

一代禪師道元，雖然為療治宿痾而於臨終前離開永平，但這只是肉團身的離別與殞滅，道元的精神以及法身將久遠不離永平！

最後，本書擬以《建撕記》中所記載之年屆五十時的道元，即於寶治三年（一二四九）九月十日示眾的一段法語來作結尾語。從這段文句中，吾等可以充分理解道元的真實心境與崇高理念。其文如下：

從今盡未來際，永平老漢恆常住人間，晝夜不離當山之境，雖蒙國王宣命亦誓不出當山。其意如何？唯欲晝夜無間精進經行，積功累德故也。以此功德先度一切眾生，令見佛聞法，落在佛祖窟裡。末後永平老漢坐佛樹下，破魔波旬，打開大事，成最上覺。欲重宣此義，以偈說曰：

古佛修行多在山，春秋冬夏亦居山；

永平欲慕古蹤跡，十二時中常在山。

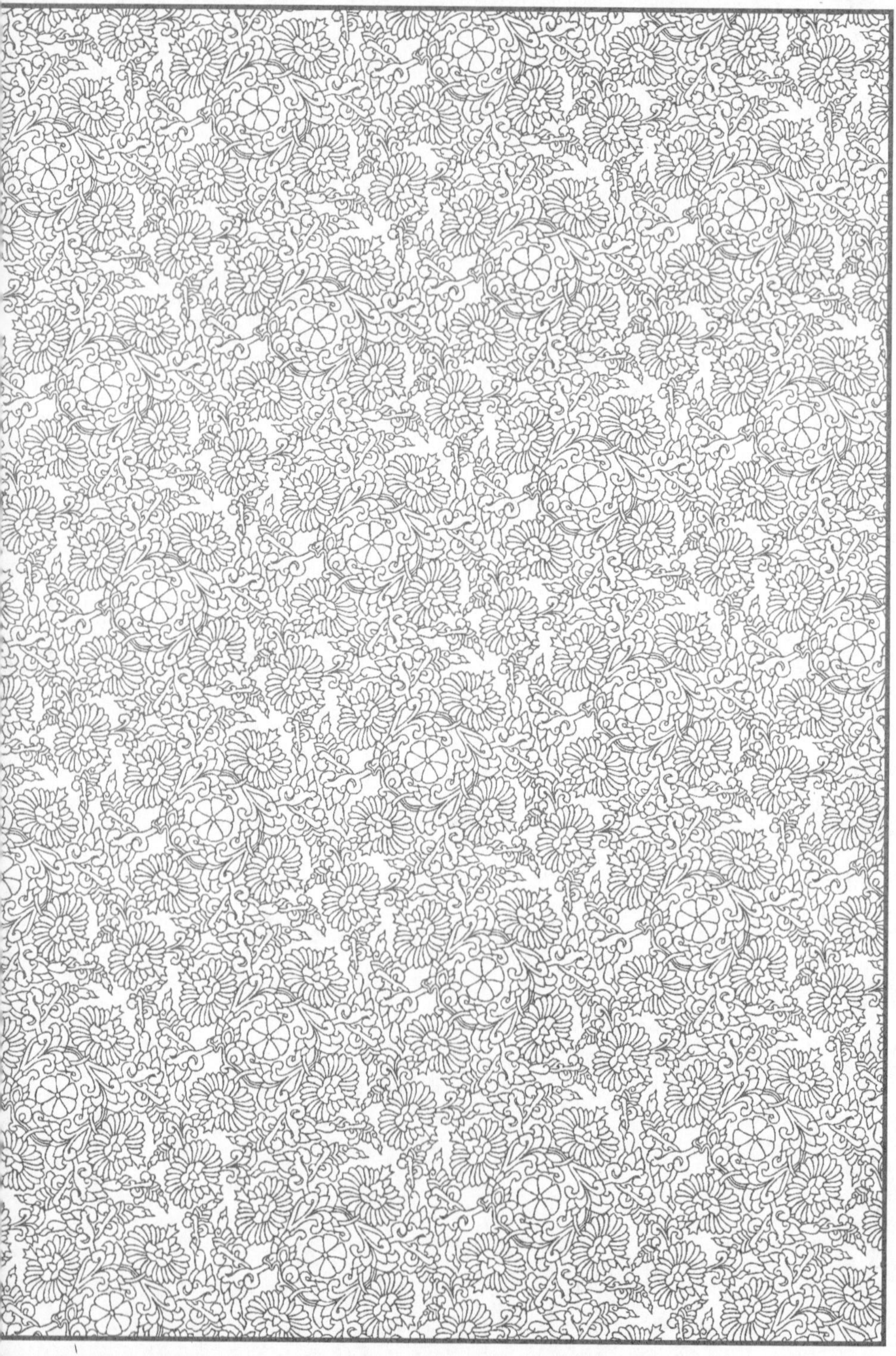

影響

壹・道元的思想——正法眼藏

謂即心是佛者，乃發心、修行、菩提、涅槃之為諸佛也；未發心、修行、菩提、涅槃者，不是即心是佛。

深草閑居十年餘

關於道元在深草閑居十年餘間所撰述的著作，難以作出一一詳述，茲將其間最主要著作之內容，作概要性的介紹。

一、《正法眼藏·摩訶波羅蜜》

這是道元於天福元年（一二三三）在深草觀音導利院夏安居日，道元三十四歲時的示眾法語。以《般若波羅蜜多心經》為素材，以真空妙有的實相之理，闡述了五蘊、十二處、十八界、四諦、六度、正覺、三世、六大、四威儀等要義。又論述了對經典之受持、讀誦、如理思惟的重要性，以及禮佛、供養諸佛的功德利益。文中說道：

先師古佛云：「渾身似口掛虛空，不問東西南北風；一等為他談般若，滴丁東了滴丁東。」是佛祖嫡嫡之談般若也。渾身般若也，渾他般若也，渾自般若也，渾東西南北般若也。

釋迦牟尼佛言：舍利子，是諸有情，於此般若波羅蜜多，應如佛住供養禮敬。思惟般若波羅蜜多，應如是供養敬禮佛薄伽梵。所以者何？般若波羅蜜多，不異佛薄伽梵；佛薄伽梵，不異般若波羅蜜多。般若波羅蜜多，即是佛薄伽梵；佛薄伽梵，即是般若波羅蜜多。何以故？舍利子，一切如來應正等覺，皆由般若波羅蜜多得出現故。舍利子，一切菩薩摩訶薩、獨覺、阿羅漢、不還、一來、預流等，皆由般若波羅蜜多得出現故。舍利子，一切世間十善業道、四靜慮、四無色定、五神通，皆由般若波羅蜜多得出現故。

是故，佛薄伽梵者，般若波羅蜜多也；般若波羅蜜多者，是諸法也。此諸法者，空相也，不生不滅也，不垢不淨也，不增不減也。此般若波羅蜜多之現成者，即佛薄伽梵之現成也。當問取！當參取！供養禮敬者，是奉覲承事於佛薄伽梵也。奉覲承事之為佛薄伽梵也。

如上，道元援用先師古佛如淨之偈頌，宣說了般若波羅蜜多即為諸佛、諸大菩薩以及尊者，乃至一切善道之本源，一切善法，皆由得般若波羅蜜多而得出現，得般若真空之妙有、妙有之真空，即是見佛薄伽梵；而同樣禮敬佛薄伽梵，即是得諸法之空相，諸法之真如，諸法之現成。

二、《正法眼藏·現成公案》

這是道元於天福元年中秋，為鎮西的俗弟子楊光秀所書示的法語。據說，楊光秀之父是宋朝商人，母為日本人，應是道元在博多相識的有力檀信之一。

在文中，道元開示了迷悟、修行、生死、諸佛、眾生等問題，點明自已與萬法之相應關係，講述了佛道修行的機要，並引用唐代麻谷寶徹禪師「風性常住」的禪話來展開論說。可見其中一段文字：

麻谷山寶徹禪師用扇子，時僧來問：「風性常住，無處不周，和尚以何更用扇子？」師曰：「汝只知常住之理，卻不知無處不周底道理。」僧問：「如何是無處不周底道理？」時師只管使扇，僧禮拜。

佛法之證驗，正傳之活路，其如是也。以是常住者而言無須使扇，不用時而言有風吹者，實不知常住，亦不知風性也。風性以其常住故，佛家之風現成大地之黃金，參熟長河之酥酪。

道元在上段文字中，以「麻谷風性話」來說示道本現成的修證，是自已真正認識自己，即所謂「學佛道者，即學自已也。學自已者，即忘自已也。忘自己者，為萬法所證也。為萬法所證者，即令自已之身心及他人之身心脫落也。」

道元在入宋之前，也曾有過「自性本來清靜，何復修行證悟？」的疑問，到了天童遇見如淨，道取了娘生之前之本來面目，方體證了身心脫落，即是萬法現成，如如在前，而既能道得，更能道取；寶藏自開，受用如意。

這裡道破了理證萬法與體證自己的修行要機。最後的「佛家之風現成大地之黃金，參熟長河之酥酪」一句，是援用了《圜悟勤禪師語錄．卷十三》中「攪長江為酥酪，變大地為黃金」之語。

三、〈典座教訓〉

這是道元於嘉禎三年（一二三七）春撰述之關於禪林清規的著作之一。上文曾提及，道元在入宋初，滯留於寧波埠頭，於舶中相見阿育王寺老典座，以及上天童安居中，見天童老典座用法師炎日之下晒苔，與其有一番對話，而深得學道用心的機要。

典座是禪寺中六知事之一，為大眾辦僧食之要職。道元回國後，對典座一職格外重視：一者，道元從老典座那裡學得真正辦道之禪法；二者，典座之職，在當時的日本禪林中，雖有其名而無其實。此外，典座雖務僧食，然有道心者方可勝任此職；辦道必須辦食，而辦食必具道心。

此文中，道元追憶十三年前的明州舊事，向興聖寺僧眾講述了典座的重要性，以及其精神、任務，與遂行任務之次第、古德務此一職時的典故等，說示禪道的普遍性與禪林日常生活的如實性。

四、《正法眼藏．一顆明珠》

這是於嘉禎四年（一二三八）四月十八日，三十九歲的道元在深草的示眾法語。援用了唐代玄沙師備禪師的典故，闡述了悟道的風光是「盡十方世界，是一顆明珠」的佛祖妙理。其中有一段描述道：

平素乃漁夫之身，諸多經典，夢也未見；然因其先有不淺之志，故能顯現超然於同參之志氣。雪峰亦知其是出眾之拔萃，讚為門下之角立。常著布衣，縫之再縫，從不更換。內著紙衣，亦穿艾草。參雪峰之外，不曾參訪其他知識，然當有嗣彼師之法之力。

遂得道後，示人曰：盡十方世界，是一顆明珠。

時僧問：承和尚言，盡十方世界，是一顆明珠，學人如何會得？

師曰：盡十方世界，是一顆明珠，用會作麼？

師來日卻問其僧：盡十方世界，是一顆明珠，汝作麼生會？

僧曰：盡十方世界，是一顆明珠，用會作麼？

師曰：知汝向黑山鬼窟裡作活計！

今道取之「盡十方世界，是一顆明珠」，始於玄沙有之。其宗旨者，謂十方世界非廣大，非微小，非方圓非中正，非活潑潑，非露迥迥。更非生死去來，故亦是生死去來也。恁麼故？昔日曾此去，而今從此來。究辨之，誰能見徹是片片也？誰能檢舉是兀兀也？

謂「盡十方」者，逐物為己，逐己為物之未休也。道取情生智隔之為隔，是回頭換面，是展事投機也。以是逐己為物，故是未休之盡十方也。以是機先之道理，故外於機要之管得也。

「是一顆珠」此雖非名字，然道得是也，有認其為名字者也。一顆珠者，直須萬年也，亙古未了，則亙今到來也。雖身有今，心有今，然是明珠也。非彼此之草木，非乾坤之山河，是明珠也。

「學人如何會得？」此道取，雖與僧之弄業識相似，然大用現，是大軌則也。進之為一尺水，當令其突兀一尺波。所謂一丈珠，一丈明也。

欲道取所謂之道得，玄沙之道者，即：「盡十方世界，是一顆明珠，用會作麼？」此道取者，即是佛佛相嗣，祖祖相嗣，亦乃玄沙相嗣玄沙之道得也。若欲迴避不嗣，雖非不無迴避之處，且可灼然迴避，然道取之生者，乃是現前之時節也。

玄沙來日問其僧：「盡十方世界，是一顆明珠，汝作麼生會？」此是道取昨日說定法，今日借兩片舌出氣；今日說不定法，推倒昨日點頭笑也。

僧曰：「盡十方世界，是一顆明珠，用會作麼？」當云：騎賊馬逐賊。古佛為汝說法，乃異類中行也。且須回光返照，當有幾枚用會作麼？試道之，或言乳餅七枚，或言菜餅五枚，然則此皆是所謂「湘之南，潭之北」之教行也。

玄沙曰：「知汝向黑山鬼窟裡作活計。」當知日面月面者，往古而不換也。日面與日面共出，月面與月面共出，故「若六月道正是時，不可道我姓熱」也。

然則，此明珠之有如無始者，無端也。盡十方界，即是一顆明珠也，不言兩顆三顆。全身是一隻正法眼也，全身是真實體也，全身是一句也，全身是光明也，全身是全心也。全身之時，全身之無罣礙，圓陀陀也，轉轆轆也。明珠之初功德如是現成，故有今日見色聞聲之觀音彌勒，故有現身說法之古佛新佛。

正當恁麼時，或懸於虛空，或縫在衣裡，或收在頷下，或挾在髻中，此等皆是「盡十方界，一顆明珠。」當以縫在衣裡為其樣子，不得道取掛於衣外。

當以掛於髻中頷下為樣子，不得擬弄於髻表頷表。有醉酒之時節，授珠於親友者。當必授珠於親友，掛珠之時節，必是醉酒也。既是恁麼，皆是盡十方是一顆明珠也。

如上一大段文，道元回繞著玄沙師備與某僧關於「盡十方世界，是一顆明珠」之禪話所展開的開示。道元由此闡明了「道得」與「道取」的表裡關係，即「道得」只在理會表象而已，未徹心地；而「道取」則至體悟真理，心地光明，所謂「一丈珠，一丈明」之全體顯現的世界。

五、《正法眼藏．重雲堂式》

這是道元於延應元年（一二三九）四月二十五日在興聖寺所制定的雲堂（雲水堂或稱僧堂）二十一條規定。這裡的「重」是指，由於雲堂已滿員，故再重新添加一棟的意思，可見當時參學僧眾之盛況。

在文末道元記曰：「曆仁二年已亥四月二十五日，觀音導利興聖護國寺開闢沙門道元示。」不過，曆仁二年二月七日已經改元為「延應」；因此，四月二十五日應是延應元年。可能道元在隱居，因而未知改元號之事。

在文中，道元依照當時宋朝叢林的僧堂內規制列出了安居修行的二十一條規矩。其中有「堂中之衆，如乳水和合，一興道業」；「堂內大衆，萬緣放捨，韜光晦跡。但念無常之露命，如救頭燃」；「究理辦道，於明窗下古教照心，莫浪費寸陰，專一功夫」等警示條規。

此外，若有人在僧堂有違規範者，按叢林儀式須「罰油」一條，在後來的相州鎌倉建長寺僧堂規範中也有，那是東渡宋僧蘭溪道隆（一二一三至一二七八）所定，也是蹈襲宋代禪林規制。

六、《正法眼藏．即心是佛》

這是道元於延應元年（一二三九）五月二十五日，四十歲時在興聖寺的示眾法語。文中開示了「一心一切法，一切法一心」之「即心是佛」的祖意，宣說了自釋迦乃至歷代佛佛祖祖的心法，批判了先尼外道的「心常相滅」之謬論。文中援用了唐代南陽慧忠（六七五至七七五）等禪德以及宋代長靈守卓禪師的語句，闡明了「即心是佛」的禪宗嫡旨。摘其一段文示之如下：

佛佛祖祖之悉皆保任者，唯「即心是佛」也。然則，西天無「即心是佛」，乃於震旦始聞之。學者多以此誤失而不得將錯就錯。以不得將錯就錯故，多零落於外道，聞所謂「即心」之話，癡人以眾生慮知念覺之未發菩提心為佛。此乃因曾未遇正師之故也。（中略）

大唐國大證國師慧忠和尚問僧：「從何方來？」

僧曰：「南方來。」

師曰：「南方有何知識？」

僧曰：「知識頗多。」

師曰：「如何示人？」

僧曰：「彼知識，直下示學人即心是佛。佛是覺義，汝今悉具見聞覺知之性，此性善能揚眉瞬目，去來運用，遍於身中，挃頭頭知，挃腳腳知，故名正徧知。離此之外，更無別佛。此身即有生滅，心性無始以來，未曾生滅。身生滅者，如龍換骨，如蛇脫皮，人出故宅。即身是無常，其性常也。南方所說，大約如是。」

師曰：「若然者，與彼先尼外道，無有差別。彼云：我此身中有一神性，此性能知痛癢，身壞之時，神則出去。如舍被燒，舍主出去。舍即無常，舍主常矣。審如此者，邪正莫辨，孰為之乎？吾比遊方，多見此色，近尤盛矣！聚卻三五百眾，目視雲漢云：是南方宗旨。把他壇經改換，添糅鄙譚，削除聖義，惑亂後徒，豈成言教？苦哉，吾宗喪矣！若以見聞覺知是為佛性者，淨名不應云法離見聞覺知，若行見聞覺知，是即見聞覺知，非求法也。」

大證國師，乃曹溪古佛之上足也，天上人間之大善知識也。當明究國師之所示宗旨，以為參學之龜鑑。切勿識先尼之見處而從之。（中略）或參究「即心是佛」，參究「心即是佛」，參究「佛即是心」，參究「即心佛是」，參究「是佛心即」。如是參究，當為即心是佛；如是舉之，則於即心是佛是正傳也。如是正傳，方至今日。謂正傳之心者，一心一切法，一切法一心也。是故古人曰：「若人識得心，大地無寸土。」當知識得心時，蓋天撲落，匝地裂破。或識得心，大地更增三寸之厚。古德云：「作麼生是妙淨明心？山河大地，日月星辰。」

當明知：心者，山河大地也，日月星辰也。然則，此之所道取，進之不足，退之尚餘。山河大地心，唯山河大地，更無波浪，無風煙。日月星辰心，唯日月星辰，更無霧無霞。生死去來心，唯無泥無水。四大五蘊心，唯四大五蘊，更無馬無猿。椅子拂子心，唯椅子拂子，更無竹無木。以如是故，即心是佛不染汙即心是佛，諸佛不染汙諸佛。

所以，謂即心是佛者，乃發心、修行、菩提、涅槃之為諸佛也；未發心、修行、菩提、涅槃者，不是即心是佛。

可見，道元是從修證一如、行持道環的修行觀來論證佛佛祖祖所嫡傳的「即心是佛」要旨。由發心故，方可修行，由菩提乃得涅槃，是道元對「即心是佛」的詮釋。

從這個意義上來言，道元對於本覺論，是從心真如為立場，也可以說從眾生心修證佛道；此發心、修行、菩提、涅槃的眾生心，乃學佛成佛之道，非見聞覺知之心意識而能知之。

七、《正法眼藏．洗面》與《正法眼藏．洗淨》

這是道元於延應元年（一二三九）十月二十三日在興聖寺的示眾法語。在〈洗面〉中以《法華經》、《三千威儀經》、《梵網經》、《禪苑清規》等經典為依據，論述了出家僧眾應該依教奉行，保持身心清淨，故在日常僧堂修行生活上，遵行西天東土佛祖對洗面的意義以及作法。道元提到，日本國無洗面之習慣，當時的宋國（朝）僧人則已無印度嚼楊枝漱口的作法。道元在文中說：

大凡嚼楊枝、洗面者，是古佛之正法也；道心辦道之輩，當修證也。或不得熱水者，則用涼水，是舊例也，古法也。熱水、涼水全不得時，則早晨應善能拭面，塗香草、末香等，然後禮佛、誦經、燒香、坐禪。若不洗面，諸功課皆失禮也。

如上，是道元對僧眾起身後的規定，現在看來是理所當然的事情，但於古代時，未必皆能實行。道元把從中國禪林學到的洗面等作法，詳細介紹給雲水僧；至今的永平寺等僧堂，依舊按照當時道元的規定，不折不扣地如實而行。

而〈洗淨〉則對剪手指甲、剃頭髮、刮鬍鬚、以及大小兩便等事項，以南嶽和六祖的問答、《三千威儀經》、天童如淨的教示、《禪苑清規》、《十誦律》、《摩訶僧祇律》等經律與言句，來闡述行佛威儀作法對成就佛道、傳承佛祖正傳之法度之重要意義；用意在於極力說明，若離開日常生活的嚴格操行，就無法論及修行佛祖大道。

在文中，道元批判了當時宋代禪林中有尊宿長老蓄鬚髮、留長指甲的現象，認為這全不符合佛教古來的傳統。文中有曰：

然則，而今大宋國僧家中，不具參學之徒，多蓄長指爪，或一寸兩寸，甚及有三、四寸之長者。此非法也，非佛法之身心。因非佛家之功夫，故如是焉。有道之尊宿則不然。或有蓄長髮之徒，此亦是非法也。雖為大國僧家之所作，然莫錯認其全是正法！

先師古佛深誡天下僧家之長髮、長爪之徒曰：「不會淨法，不是俗人，不是僧家，便是畜生。古來佛祖，誰是不淨髮者？如今不會淨髮者，真個是畜生！」如此示眾（之後），年來不剃頭之徒，則多剃頭。或上堂，或普說時，則彈指嚴厲呵責。不知何道理，胡亂蓄長髮、長爪。可憐！南浮之身心置於非道！近來二、三百年，祖師之佛道荒廢，故如此之徒多！如此之徒，為寺院之主人，署師號，作為眾之相，是人天之無福也！而今天下之諸山，有道心者，真個渾無；得道者久絕，只是破落黨！

如是普說，諸方亂稱長老名者，責不恨，無有（異議）陳說。可知長髮者，佛祖之所誡禁也；長爪者，外道之所行也。佛祖之兒孫，不可好此等之非法。須淨身心，須剪爪剃髮！

可見，道元在遵行佛法禪道之時，嚴格按照佛祖的遺訓，對於當時宋國僧家中蓄爪留髮的長老尊宿也毫無留情地加以批判，所謂依法而不依人也。

八、《正法眼藏．禮拜得髓》

這是道元於延應二年（一二四〇）清明日於興聖寺的說法。文中述說了學習佛道值遇正師的重要性。若逢著真正人天導師，則應捨卻萬緣，珍惜光陰，努力辦道修行。而佛法之修行以及追隨導師，無有男女、老少、僧俗之區別，否定了日本佛教固有的女人禁制之結界規定，而站在得道的立場，主張男女平等。例舉唐代趙州從諗、志閒、了然尼、妙信尼等典故，來說明佛道重在覺悟，而不得執著外相。其文末論道：

佛法道理，若夢也未見，設是為百歲之老比丘，亦不及得法之男女，不可敬之，只賓主之禮而已矣。若修行佛法，道取佛法，設是七歲之女流，亦即是四眾之導師也，眾生之慈父也。比如龍女成佛，若供養恭敬，當與諸佛如來等，是即佛道之古儀也。

可見，道元對當時日本佛教內部的貴族性、特權制度不以為然，認為天竺、唐土未嘗有之。

九、《正法眼藏．諸惡莫作》

這是道元在延應二年（一二四〇）七月七日（七夕，七月十六日改元仁治）在興聖寺的說法。道元取材於《增一阿含經》中七佛通誡的「諸惡莫作，眾善奉行；自淨其意，是諸佛教。」來闡述佛祖教行證之宗旨。援用了唐代杭州刺史白居易參見鳥窠道林禪師時酬答之逸話來說明：言語上的理解與理會，只是表象上的東西；只有從親證與實行中，方能真實地履行莫作諸惡、奉行眾善的古佛教義。文中論道：

唐白居易者，佛光如滿禪師之俗弟子也，江西大寂禪師之法孫也。為杭州刺史時，參鳥窠道林禪師。因居易問：如何是佛法大意？道林曰：諸惡莫作，眾善奉行。

居易曰：若恁麼，三歲孩兒亦道得。

道林曰：三歲孩兒縱道得，八十老翁行不得。

聞恁麼言，居易即拜謝而去。

誠居易雖為白將軍之後裔，然是奇代之詩仙也。人謂二十四生之文學也。或有文殊之號，或有彌勒之號。風情之無不聞，筆海之無不朝。然其於佛道則是初學也、晚學也，況乎此「諸惡莫作，眾善奉行」，其宗旨者，夢也未見也。

（中略）

居易以其愚，而未曾聞三歲孩兒之道得；唯有不疑著，故恁麼道取也。不聞道林之道聲比之雷聲亦顯赫，以謂道不得，故言「三歲孩兒還道得」。既不聞孩兒之獅子吼，亦蹉過禪師之轉法輪也。

禪師不得已而憐之，更曰：「三歲孩兒縱道得，八十老翁行不得。」所言之意者，謂三歲孩兒有道得之語，當善能參究！八十老翁有行不得之道，須善能功夫。曰：「孩兒道得，全任於汝而不全任於孩兒；老翁行不得，全任於汝而不全任於老翁。」

佛法以如是之辨取、說取、宗取為道理。

通過如上的說示，體現了道元的修證思想是凡事皆在躬行、理在實證的宗旨，這也是所謂「言得一丈，不如行得一尺」的道理所在。

十、《正法眼藏．溪聲山色》

這是道元於仁治元年（一二四〇）十月結制後五日，於興聖寺的示眾法語。道元援用了蘇東坡（一〇三六至一一〇一）呈廣慧禪師照覺常總（黃龍慧南法嗣，一〇二五至一〇九一）的詩。詩云：

溪聲便是廣長舌，山色無非清淨身；
夜來八萬四千偈，他日如何舉似人。

又引用了唐代香嚴智閑、靈雲志勤等的悟道機緣以及宋代瑯琊山廣照慧覺禪師與華嚴宗長水子璿（九六五至一〇三八）之相見問答等典故，以說明修禪法者於悟道之時，山河大地普皆一時成道的修行理念。

在溪聲山色之自然下參究，而得實相之體悟皆非人間之情量所能測度，卻是學人資以回頭翻身、回光返照之覺性的全機全現。其中有一段文云：

正修行時，溪聲溪色，山色山聲，皆不惜八萬四千偈夜。自己若不惜名利身心，溪山亦有恁麼之不惜。設使溪聲山色現成或不現成八萬四千偈是夜來，然若不盡力舉似溪山之為溪山，誰見聞汝是溪聲山色哉？

道元的語言表達有一定的難解度，這是因為道元是從聖者覺悟之境界中來看取現實世界之景象，所謂純乎「一色之正修行」，此乃為證了佛之佛知見，是透脫了的境界，故雖非言語所能臆測，卻也可以在言語下道取。

十一、《正法眼藏·傳衣》

這是道元於仁治元年（一二四〇）十月，在興聖寺的說法內容。所謂「傳衣」，即是指從達磨西來在唐土所傳的袈裟，稱之為「傳祖衣」，乃是象徵著正法相傳的神聖意義。

十二、《正法眼藏·袈裟功德》

這是道元於仁治元年（一二四〇）開冬日在興聖寺之示眾法語。在文中，道元就袈裟的意義、種類、搭袈裟法、材料、浣洗法等一一講述，並將印度、中國、日本等袈裟的傳承歷史進行了回顧。於文中論述了六代單傳、即六祖惠能傳法袈裟的故事，援用了《大乘義章》、《四分律》、《悲華經》、《大智度論》、《根本說一切有部百一羯磨》、《摩訶僧祇律》、《止觀輔行傳弘決》、《心地觀經》、《眾阿經》、《水喻經》等諸經律論來論述袈裟功德之殊勝。

文中述曰：

釋迦牟尼如來，付授正法眼藏無上菩提於摩訶迦葉時，同時亦傳授迦葉佛正傳之袈裟。嫡嫡相傳至曹溪山大鑑禪師，乃三十三代也，親傳其體、色、量。自其以來，青原、南嶽之法孫，親自傳法。祖宗之制法，浣洗之法及受持之法，若不參學嫡嫡面授之堂奧，則不知也。（中略）是故，而今發心之徒，若受持袈裟，當受持正傳之袈裟，不可受持今案、新作的袈裟。謂正傳之袈裟者，少林、曹溪之正傳者，是如來嫡嫡相承也，無

一代欠缺。（中略）

欲發菩提心者，必傳授祖師之相傳！我等非但已逢難逢之佛法，亦為佛袈裟正傳之法孫而得以見聞之，學習之，受持之，即是見如來也，聞佛說法也，受用佛之受用也，單傳佛心也，得佛髓也，親被釋迦牟尼佛之袈裟之所覆也，亦是釋迦牟尼佛親授袈裟與我等也。依從於佛，則受持此袈裟也。

道元對袈裟功德的認識，深深影響了日本佛教界，至今滲透在曹洞宗的日常生活中，對袈裟格外尊重。袈裟雖然是僧伽之衣物，但在道元眼中，袈裟是佛祖的生命象徵，是祖師的骨髓與血脈，故當以頭顱頂戴受之。

十三、《正法眼藏・有時》

這篇也是道元於仁治元年（一二四〇）開冬日，於興聖寺所撰寫的法示。〈有時〉一卷是以古佛藥山惟儼的「有時高高峰頂立，有時深深海底行。有時三頭八臂，有時丈六八尺。有時拄杖拂子，有時露柱燈籠。有時張三李四，有時大地虛空」的語句而展開的論述。

從中國傳統的漢文語境語義而言，道元這種將「有時」一語獨立出來，甚至將「有時」兩字分而解釋來加以立論，似乎有出乎尋常之嫌；這般以如同拆字解體式的讀法論之，不能不說是一種很獨特的漢語理解法。不過，通篇讀來，則發現道元乃以禪家之眼目來將之哲學性論述；或可以說是，道元對中國禪之解析，予以新意發揮的特殊標誌。文中，道元論道：

> 謂「有時」者，即「時」既是「有」也。「有」皆是「時」也。丈六金身是「時」也，以是「時」故，即有「時」之莊嚴光明。須於今之十二時中學習。三頭八臂是「時」也，以是「時」故，今之十二時中，須為一如。十二時之長遠短促雖未曾度量，然謂之十二時。以去來之方跡明故，人不疑著之；雖不疑著，然非知之。眾生從本疑著於不知之每物每事，以不（得）一定故疑著之前程，未必符合今之疑著。唯疑著且是「時」也。

讀者對以上這段道元的文字，或許難以理解；然而，道元並不是不通曉漢文，而是從自己的思想來解說的。

道元將「時」作為這種參究的話頭來議論，所謂「時」為「有」，「有」皆是「時」，把「有」與「時」兩個不同的字義，來等而視之。就是可以理解為「有時」之「有」，「有時」之「時」，法界之「有時」，「有時」故，則為佛道之參學，十二時中之參究。

因此，筆者認為，道元把「有」作為山河與我等之一切空間存在之意義，而「時」則可作為時間概念來理解，即一切時之精進行持佛祖之大道。

十四、《正法眼藏．山水經》

這是道元於仁治元年（一二四〇）十一月十八日在與聖寺的示眾法語。在此示眾說法中，道元力說山水即是佛祖之說法，即是佛祖之身心，是古佛道之現成；並援用了芙蓉道楷以及雲門匡真大師等語句，來說明祖道的自然觀與修證觀。道元在文中說道：

轉境轉心者，大聖之所呵也；說心說性者，佛祖之所不肯也。見心見性者，外道之活計也；滯言滯句者，非解脫之道著也。有透脫如此境界者，謂「青山常運步」（道楷語）也，「東山水上行」（雲門文偃語）也。須審細參究！

道元在文中，說明了法身與法性的相應關係，說明了覺後之如如世界（山水），即是佛祖現成之實相。文中批判了當時宋國禪林中一些滯留名相的僧徒。

十五、《正法眼藏．佛祖》

這是道元於仁治二年（一二四一）正月三日撰述於興聖寺而為大眾的說示。在這卷〈佛祖〉中，道元從西天的七佛開始一直到本師天童如淨為止的佛佛祖祖列名其中。道元說，這是他在大宋國寶慶元年夏安居時，參侍先師天童古佛大和尚如淨，如淨親授的列祖名號；以受持如上名號，則為日夜頂戴禮拜之宗禮，此乃唯佛與佛之世界，以此方能參究體證無上正等正覺。具體佛祖名號，望具見原本，於此不一一具陳。

十六、《正法眼藏．嗣書》

這是道元於仁治二年（一二四一）三月二十七日，在興聖寺所撰寫的一卷開示法語；「嗣書」乃是佛佛祖祖嫡嫡相承的血脈之文，是得法傳法之重要信物之一。

上文已經說過，道元在宋時期，留意禪門諸宗嗣書，最終在如淨膝下親承嗣書，而大事了畢。在文中批判了當時大宋國江浙大寺院內在傳法等方面存在的亂象問題，道元說道：

今江浙大刹之主者，多為臨濟、雲門、洞山等之法嗣也。然則，自稱臨濟遠孫之輩中，往往而有企圖不是者，謂參善知識之會下，懇請頂相一幅、法語一軸，添充嗣法之標準。而（更）有一類之狗子，向尊宿那邊懇請法語、頂相等，且儲存有餘；及至晚年，向官家兑換成錢，討得一院；補充住持職時，則稱非法語、頂相師之嗣法，即稱嗣法於當代名譽之輩，或嗣法與王臣有親密往來之長老等。不問得法，唯貪名名譽也。可悲末法惡時有如此之邪風！如此之徒輩中，於佛祖之道，未曾有一人夢也未見聞也。

道元在宋國所見聞的傳法等亂象，在之後的中國佛教史上，也是屢見不鮮，這是中國禪法日趨衰敗的原因之一。道元感嘆「末法惡時」之衰相的同時，對如淨這樣的正師，更生敬仰！嗣書者，非一紙證明書，而是佛佛祖祖之血脈。

十七、《正法眼藏．心不可得》

這是道元於仁治二年（一二四一）夏安居（七月十六日至十月十五日）在

興聖寺示眾法語。在文中，道元引用《金剛經》之經文，來開示「心不可得」之玄理；又以「德山宣鑑與賣餅老婆子」之逸話，以獨特的評釋來闡明「心不可得」之祖意。

十八、《正法眼藏．法華轉法華》

這是道元於仁治二年（一二四一）夏安居在興聖寺的說示。在道元的後跋中記錄，是日為紀念達慧禪人出家剃度而撰此文，是以《六祖壇經》中六祖惠能與弟子法達兩人之間的問答為素材而撰寫的作品。「法華轉法華」中有如下一段：

> 大唐國廣南東路，韶州曹溪山寶林寺大鑑禪師會下，有僧名法達者來參，自稱：「吾讀誦《法華經》已三千部。」
>
> 祖曰：「縱及萬部，若不得經，亦不知是過矣！」

法達曰：「學人愚鈍，從來只憑文字誦念，如何知其宗旨？」祖曰：「汝試誦一遍，我為汝解說。」

法達即誦經。至〈方便品〉，祖曰：「可停！此經元以因緣出世為宗旨，雖說眾多之譬喻，亦不勝於此。何者謂因緣？唯一大事也。唯一大事者，即佛知見也，開示悟人也。自是佛之知見也。已具知見，彼既是佛也。汝今當信，佛知見者，只汝自心也。」

再示偈曰：「心迷法華轉，心悟轉法華；誦久不明己，與義作讎家。無念念即正，有念念成邪；有無俱不計，長御白牛車。」

法達即聞偈，再問祖：「經曰諸大聲聞，乃至菩薩，皆盡思度量，則不能計量，則不能計量佛智。今但令凡夫悟自心，即名佛之知見；若非上根，則難免疑謗。又，經說三車，大白牛與白牛車，如何區別？願和尚再宣說！」

祖曰：「經意明也，汝自迷背。諸三乘人不能計量佛智之患者，在度量也。雖彼等盡思共推，然愈懸遠也。佛本為凡夫說而已，不為佛說也。信此道理，不肯退席者，殊不知是坐白牛車而更於門外求三車也！經文明向汝言：無二亦無三。汝如何不悟？三車是假也，以是昔時故。一乘是實也，以是今時故。但令汝以假為去，以實為歸。歸實者，實亦非名。可知所有皆是珍寶也，悉咐囑於汝，有汝受用也。更不為父想，亦不為自想，亦無用想，然是名法華經也。自劫至劫，由晝至夜，手不釋卷，無不讀誦時。」

法達既蒙啟發，歡喜雀躍，呈偈贊曰：「誦經三千部，曹溪一句亡；未明出世旨，寧歇累世狂。羊鹿牛權設，初中後善揚；誰知火宅內，元是法中王。」呈此偈後，祖曰：「汝今起名念經僧！」

法達禪師參問曹溪之因緣如是。從此之後，所謂「法華轉、轉法華」之法華者，於焉開演也，其前則不聞。

誠哉！欲明佛之知見，必是已得正法眼藏之佛祖，亂數沙石之文字學者則不可知，此從今法達知經歷亦可知也。欲明法華之正宗，當以祖師之開示為唯一大事因緣，勿訪餘乘。今法華轉正宗，今法華轉實相、實性、實體、實力、實因、實果之為如是者，祖師以前，於震旦所不聞、所不有也。謂法華轉者，心迷也；心迷，法華轉也。所以，心迷則為法華轉也。其宗旨者，謂心迷雖是萬象，而如是相則為法華轉也。此「轉」，不可喜，以不可待；非得，亦非來。然則，法華轉，則無二亦無三也。若是唯有一佛乘，若是如是相之法華，雖言能轉所轉，亦是一佛乘也，一大事也，謂以赤心片片也。

如上一段是道元在援用曹溪惠能與念經僧法達之間一段饒有興趣的問答後，對主觀的覺知心與客觀的憶念力、以及真理之本質與現象之世界的對立又統一之能所哲理所展開的論述。道元的《正法眼藏》中，援用最多的經典便是《法華經》；這是因為，道元出家與修行的道場是法華天台宗比叡山，對佛法房道元來說，是再熟悉不過的經典了。

通過這段文字，可知道元對文字的理解能力，更能明曉道元對辦道之真覺。所謂法達未遇曹溪時節，徒然口誦妙經三千，但恨心迷為經文所轉；經曹溪一句，迷心頓轉，覺心現前，此等時節正如惠能所謂「汝今起名念經僧」，何也？立地能心轉法華故，轉唯有一佛乘，無二亦無三之大白牛車故也。此也是宗下所謂一大事也，如此赤心片片，一拂萬劫之暗愚迷妄之念也。能轉所轉，道得道取，向上一佛道也。

十九、《正法眼藏．古鏡》

這是道元於仁治二年（一二四一）九月九日重陽日在興聖寺僧堂的示眾法語。在〈古鏡〉一文中，道元以古鏡來比喻對佛法究竟道之圓成。

正如道元在文首開門見山地論道：

諸佛諸祖受持、單傳者，古鏡也。同見同面也，同像同鑄也，同參同證。胡來胡現，十萬八千；漢來漢現，一念萬年也。古來古現，今來今現，佛來佛現，祖來祖現也。

為了闡明這一觀點，道元在文中列舉並評釋了印度、中國、日本關於「古鏡」的典故。不僅涉及到佛教的內容，還涉及到了中國黃帝、唐太宗與魏徵、房玄齡以及日本神代時所有鎮國三種神器中的「三鏡」以及玉璽與劍等的古典內容。

其中，日本的「三鏡」，即指伊勢太神宮之一面、紀伊國日前社一面以及宮內之內侍所一面。不過，現在日本天皇家所持的三種神器乃是八咫鏡、草薙劍、八尺瓊勾玉。由此可以看出，道元所說的「古鏡」，是指古代傳承之實物。但是，除此解釋之外，道元欲強調的是成佛作祖之龜鑑，即照天徹地之「大圓鏡」，此即文首所言「諸佛諸祖受持、單傳者，古鏡也」之深意。

道元引用了伽耶舍多、六祖惠能、南嶽懷讓、雪峰義存、玄沙師備、雪峰與三峰慧然、雪峰與玄沙、金華山弘瑫與參學僧、南嶽與馬祖等關於「古鏡」的禪宗故事。關於南嶽懷讓與馬祖道一「磨磚作鏡」的公案，道元的評釋很有特色，示之如下：

江西馬祖昔參學於南嶽，馬祖曾密受心印於南嶽，磨磚之初始也。馬祖住傳法院，尋常坐禪，纔十餘歲也。雨夜草庵，可想其勤；封雪寒牀，未嘗有怠。

南嶽有時到馬祖庵，馬祖侍立。南嶽問：「汝近日作什麼？」

馬祖曰：「近日道一只管打坐。」

南嶽曰：「坐禪圖什麼事？」

馬祖曰：「坐禪圖坐佛。」

南嶽即持一塊磚，在馬祖庵邊石上磨。馬祖見之即問：「和尚作什麼？」

南嶽曰：「磨磚。」

馬祖問曰：「磨磚用作什麼？」

南嶽曰：「磨作鏡。」

馬祖曰：「磨磚豈得成鏡耶？」

南嶽曰：「坐禪豈得作佛耶？」

此一段之大事（因緣），往昔數百年間，人多以為是南嶽唯勸勵馬祖，未必然也！大聖之行履，唯遙然出離凡境也。大聖若無磨磚之法，爭有為人之方便？為人之力者，佛祖之骨髓也。設若構得，然尚是家具也。若非家具調度，則佛家不傳也。況乎既接得馬祖有速。須知佛祖正傳之功德，是為直指。誠知磨磚成鏡時，馬祖作佛；馬祖作佛時，馬祖速成馬祖。馬祖之為成馬祖時，坐禪速成坐禪。是故，磨磚作鏡者，乃古佛骨髓之所住持來也。

故有磚成古鏡者也。磨來此鏡時，從來也未汙染也。非磚有塵，只磨磚也。於此，作鏡之功德現成，是佛祖之功夫也。磨磚若不作鏡，則磨鏡亦不可作鏡也。誰能計量此作中有作佛、有作鏡哉？有疑著：磨古鏡時，可有誤而磨作磚麼？磨時之消息，非他時之所計量。然則，南嶽之道，以是當道得之道得也故，畢竟當是磨磚作鏡。

今人亦試拈現今之磚磨看，定當成鏡也。磚若不成鏡，則人不應作佛。若輕視磚為泥團，則人亦被輕視為泥團。人若有心，磚亦應有心。誰知有磚來磚現之鏡子，有誰知有鏡來鏡現之鏡子？

如上，畫了直線的這段論述，確實不太容易理解。道元也明知「磨磚作鏡」

的公案，數百年來解釋為，南嶽磨磚是為了啟發馬祖坐禪不能成佛，乃是用功於「心性」上，而不在「坐相」中。但是，道元卻將之解釋為「磨磚」為「馬祖速成佛」的直指之佛祖神髓。換言之，馬祖的「道一只管打坐」，即是道得之取證，南嶽之「磨磚」即為提撕成佛之正傳！

道元否定成佛作祖須用手段伎倆，「只管坐禪」的作法威儀，即是佛祖現成之佛法，更無別法可為！而「只管磨磚」也可成為「作鏡」的功德，何以故？「磚來磚現之鏡子」故也。道元認為，就事論事乃計量測度之凡夫作用，非遙出凡境之大聖之行履；南嶽「磨鏡」，馬祖「作佛」，乃是渾然一如、純之又純的「單傳」聖比量之佛法，更無「鏡」與「磚」之現量也。

道元的見地，確實出常人之思量，權以「哲學」一語，以為解析耳。

二十、《正法眼藏．看經》

這是道元於仁治二年（一二四一）九月十五日在興聖寺的示眾法語。在此篇中，道元闡述，修行佛道固須善知識與經典；但是，所謂「知識」，當為「全自己」之「佛祖」；而「經卷」，當為「全自己」之「經卷」。「全佛祖」之「自己」以及「全經卷」之「自己」，乃「如是」之全體。

當然，道元所主張的「全自己」並非是「你我」拘牽之意義之「自己」，乃是於「全佛祖」與「全佛法（經卷）」之打成一片、「自覺」了的「全自己」，「全機現」之覺悟的「真正自己」。換言之，我們在日常中見到的，或者說自己所認知的自我，是一種碎片似的「分裂狀態」的自己而已；因為其與「全佛祖」和「全經卷」相遮斷，是迷妄不實的幻覺。因此，「真實人體」的全現，必須是「全佛祖」與「全經卷」與實現「全自己」的全體現成。

為了解釋這一見地，道元援用了藥山、惠能、般若多羅、趙州、神照法真、洞山、如淨、雲居道膺等人之勝事逸話來論究，進一步說示禪宗僧堂修行之「看經」之心得。道元在文中說道：

以是全佛祖之為自己，全經卷之為自己故，乃如是也。雖稱自己，然非我你之拘牽，是活眼睛也，活拳頭也。

是故，有念經、看經、誦經、書經、持經，俱是佛祖之修證也；然，會佛經者不易。於無量國中，乃至名字不可得聞；於佛祖中，乃至名字不可得聞。若非佛祖，則不見聞、讀誦、解義經卷。自參學佛祖，則參學經卷也；是時，即於耳處、眼處、舌處、鼻處、身心塵處、到處、聞處、話處，有聞經、持經、受經、說經等之現成。為求名聞故，說外道論議之徒，則不可修行佛經。其所以者何？經卷者，有若樹若石之傳持，有若田若里之流布，有塵剎之演出，有虛空之開講。

可見，道元之所言經卷是全世界全宇宙之大經卷，是現成之「如是」，身心脫落的佛祖命脈所在的大清淨海之無窮筆墨的流淌，是赤心片片的生命之本來面目。「自參學佛祖，則參學經卷」一語道破了：但須頂門一隻活眼睛，也須成佛之痛棒頭，更須作祖之活拳頭也。

二十一、《正法眼藏・佛性》

這也是道元於仁治二年（一二四一）十月十四日，在興聖寺的示眾法語。此篇是以《大般涅槃經》中關於「佛性」為典據，批判了先尼外道的「我」之邪見。列舉了印度馬鳴、龍樹，以及中國禪宗四祖道信以及五祖弘忍、六祖惠能等的言語與典故加以論述，並插入了自己在大宋國參學的體驗等內容，其中涉及了鹽官齊安（?至八四二）、溈山靈祐（七七二至八五三）、百丈懷海（七四九至八一四）、南泉普願（七四八至八三五）與黃檗希運（?至八五〇）、趙州從諗（七七八至八九七）、長沙景岑（生卒不詳，南泉法嗣）與竺尚書等關於「佛性」的言語以及問答等典故，縱橫無盡地展開了道元獨特的「佛性」論。

為何說是道元獨特的「佛性」呢？一一細論頗費筆墨，且舉一個例子來加以概述之。道元〈佛性〉卷中，對於《涅槃經》中有名的經文「一切眾生，悉有佛性」是如此說示的，其文如下：

世尊（所）道之「一切眾生，悉有佛性」，其宗旨如何？此即「是什麼物恁麼來」之道轉法輪也，或云眾生，或云有情，或云群生，或云群類。悉有之言，即眾生也，群有也；即悉有者，佛性也。悉有之一悉，謂之眾生。正當恁麼時，眾生之內外，即是佛性之悉有也。非唯單傳之皮肉骨髓，蓋因汝得吾皮肉骨髓之故。

當知今之佛性悉有之有，非有無之有。悉有者，佛語也，佛舌也。佛祖眼睛也，衲僧鼻孔也。悉有之言，更非始有，非本有，非妙有等，何況緣有、妄有哉？（悉有）不關心、境、性、相等。然則，眾生悉有之依正，全不在業增上力，不在妄緣起、法爾，不在神通修證。若眾生之悉有乃為業增上力及緣起、法爾等，諸聖之證道及諸佛之菩提、佛祖之眼睛亦應為業增上力及緣起法爾。非然也。盡界皆無客塵，直下更無第二人，蓋因「遍界不曾藏」之故。所言「遍界不曾藏」者，非謂滿界是也。遍界我有者，外道之邪見也。非本有之有者，因亙古亙今故；非始起之有者，因不受一塵故；非條條有者，因合取故；非無始有之有者，因「什麼物恁麼來」故；非始起有之有者，因吾「平常心是道」故。當知於悉有中，眾生快便難逢也。如此會取悉有，悉有即透體脫落也。

眾所周知，《大般涅槃經》的前「悉有」一語，按照漢語與「皆有」或「都有」或「俱有」等同義。但是從上文，特別是直線部分，道元將經文的「一切眾生，悉有佛性」，解讀為「一切眾生悉有，佛性」，即「悉有者，佛性也。」此處的「悉有」一詞，道元將之作特定名詞來讀解，這當然是不符合漢語的規律，讀來頗覺奇異。當然，道元並不是因為不諳漢語而致於誤讀；道元之所以打破漢語表達之常識，別有深意所在。將「悉有佛性」讀成「悉有者，佛性也」，語義的重點是在「悉有」之「有」上面，而「佛性也」則成為「悉有」之內涵和解析了。

在前文的〈有時〉卷中「有時」的分解解讀法，於此有著異曲同工之趣。道元從「悉有」這一觀念，欲與禪宗的「遍界不曾藏」的法身義相通，也欲與

「平常心是道」的道性義相接，也欲與六祖「什麼物恁麼來」的所問和懷讓所答「說似一物即不中」相融會。此即是「不立文字，直下承當」之衲僧鼻孔出氣處，更是「透體脫落」之全機獨露的大解脫境界也。

《正法眼藏》中如此獨特的語言表達，簡言之，是理解道元思想內容的一個關鍵，道元以自己的悟性與體驗來讀經典與祖錄。

二十二、《正法眼藏．行佛威儀》

這是道元於仁治二年（一二四一）十月中旬或下旬在興聖寺撰寫的著作。在文中，道元論述了如何踐行如法如儀的修行來顯現真實的佛道。在這裡，道元以「行佛」二字來闡述。

一般來說，「行佛威儀」，可讀解為「行持佛之威儀」，即「行」是動詞，「佛之威儀」即行、住、坐、臥之符合佛法戒律的四種威儀，或謂之為「三千威儀，八萬細行」的佛道行持。所謂「三千威儀」，即是比丘二百五十戒乘上行、住、坐、臥四威儀，則為一千，再以三世相乘則成三千之數。但是，道元卻特將此解讀為特定名詞的「行佛」，而援用了《法華經》、《景德傳燈錄》、《信心銘》、《圜悟碧巖錄》、《天童宏智廣錄》等經典，以及引用了六祖惠能、雪峰義存、玄沙師備等典故來展開對「行佛」之意義與特質的論說。

在此卷中，道元敘述道：

> 當知諸佛在佛道，不待悟覺。於佛向上之道，通達行履者，唯行佛也；自性佛等，夢也未所見在也。此行佛，以頭頭威儀現成，故身前威儀現成。道前化機漏泄者，乃亙時、亙方、亙佛、亙行也；若非行佛，則為佛縛、法縛，不得解脫，當屬佛魔、法魔之黨類也。（中略）
>
> 今謂三世諸佛，即一切諸佛也。行佛即是三世諸佛。十方諸佛，皆無不是三世；佛道所說之三世，乃如是說盡也。今所問之行佛，此即三世諸佛也。即便是知有，皆必是三世諸佛之行佛也。

道元的「行佛」，是特指三世一切諸佛行履，也即是佛之「行佛」威儀，佛轉「行佛」之大法輪，佛作「行佛」之無上正等正覺也。

道元在此所強調的「行佛」雖然有些難解，但是十分富有哲理，大可參究之。

二十三、《正法眼藏．佛教》

這是道元於仁治二年（一二四一）十一月十四日在興聖寺的示眾法語。在〈佛教〉一卷中，道元論述了所謂佛教就是如實究竟諸佛之道。故於此對「教外別傳」的一些錯誤見解，道元進行了糾正，並以此進一步闡述了「祖意」與「教意」之異同，論述了三乘十二分教、九部經之諸佛教義，乃是佛祖之眼目。在文中，道元說道：

諸佛之道現成，是佛教也；是佛祖之為佛祖（道）故，教之為教而正傳也。

此是轉法輪也。於此法輪之眼睛裡，諸佛祖得以現成，諸佛祖得以般若涅槃。

（中略）是故，佛教者，即教佛也，是佛祖究盡之功德也。諸佛高廣，法教非狹少。當知佛大者，教大也；佛小者，教小也。故知佛及教者，非大小知量，非善、惡、無記等之性，非為自教教他。（中略）然則，道取教外別傳之漢，則不知此意旨。是故，莫信教外別傳之謬說，莫錯誤佛教。若如汝說，則當謂教為心外別傳乎？若言心外別傳，則一句半偈不可傳也。若不云心外別傳，則不應云教外別傳也。（中略）大凡可知：三乘十二分教等者，佛祖之眼睛也；不開眼此者，何以為佛祖之兒孫？不拈來此者，何以單傳佛祖之正眼？不體達正法眼藏者，非七佛之法嗣也。

可見，道元對禪宗所說的「教外別傳」之說，有了自己新的理解。道元認為，佛祖是全體的佛祖，佛教是全體的佛教；因此，三乘十二分教以及九部經皆是佛祖之眼目，絕無內外、大小、善惡等分別。

二十四、《正法眼藏．神通》

這是道元於仁治二年（一二四一）十一月十六日，在興聖寺的示眾法語。在〈神通〉一卷中，道元主張日常茶飯之平常心即為神通妙用。文中援用了溈山與仰山、龐居士、六祖惠能、雲巖與洞山等禪門逸話；並在敘述到「大神通」與「小神通」時，講述了佛之六神通與仙人的五神通、百丈禪師對神通之見地等，來論說佛法正傳的是六神通，即天眼通、天耳通、他心通、神足通、宿命通等五神通再加上漏盡通。道元在文中有如下一段說示：

是故，諸佛之六神通者，當非一切諸天、鬼神及二乘等所能及，之所能測也。佛道之六通者，唯佛道之佛弟子單傳，外人所不傳也。佛六神通，單傳於佛道；未單傳者，則不可知佛之六通也。須參學：不單傳佛之六通者，不可為佛道之人也。（中略）

是故，六神通者，須如是參究！若非佛家之嫡嗣，有誰能聞如是之理？但莫亂向外馳走誤以其為歸家之行履！

可見，道元認為，六神通唯佛佛祖祖之相傳，除此皆為外道之流，不足道也。

二十五、《正法眼藏．大悟》

這是道元於仁治三年（一二四二）正月十八日在興聖寺的示眾法語。道元在此卷中說示了，所謂「大悟」是能究竟佛祖之大道，即無上正等正覺。在文中，道元批評了宋國一部分禪者期待悟道而修行的錯誤見地，認為佛道之大悟，乃是佛祖之家常，豈有造作之手段、待悟之伎倆！

道元在文中列舉了臨濟義玄、寶智大師休靜（洞山之嗣）、以及米胡和尚（溈山之嗣）等人對「大悟」見地之諸公案。道元論說道：

佛佛之大道，傳而綿密也；祖祖之功業，現而平展也。是故大悟現成，不悟至道，省悟弄悟，失悟放行，是佛祖之家常也。有舉拈而十二時中使得者，有抛卻而十二時中被使得者，更有跳出此關捩子弄泥團、弄精魂者。雖謂佛祖由大悟恁麼現成之參學為究盡，然非以大悟之渾悟為佛祖，亦非以佛祖之渾佛祖為渾大悟也。佛祖跳出大悟之邊際，大悟乃是由佛祖跳出向上之面目也。然則，人之根機有多般；謂生知，此是生而透脫生也，謂體究生之初中後際也。謂學而知，此是學而體究自己，謂體究之皮肉骨髓也。謂有佛知者，此非生知，亦非學知，乃超越自他之邊際，於這裡無端於自他知而無拘也。

如上可知，道元將大悟作為佛祖之日常之家常茶飯，任運自在，無所造作之痕跡。其中，言及孔子所說的「生而知之」與「學而知之」的世間之智慧。道元認為，「佛知」遙出「生知」與「學知」的範疇，乃是超越自他之大自在之智慧也。

二十六、《正法眼藏．坐禪箴》

這是道元於仁治三年（一二四二）三月十八日在興聖寺所撰寫的作品。前面在說到道元的坐禪觀與宏智的坐禪觀時，已經言及其中一些原文內容。

道元在此篇中，首先說了坐禪是佛祖正傳之機要，其中列舉了藥山惟儼「非思量」、大寂道一與南嶽懷讓的「磨磚作鏡」的公案，以論述坐禪辦道之關鍵；道元並批評了宋國禪林中一部分禪徒主張的「功夫坐禪，得胸襟無事了，便是平穩地也」之謬見。在最後模倣了天童宏智正覺的〈坐禪箴〉，而自作了〈坐禪箴〉一文，以吐露自己對坐禪之法之機要。上文已有涉及，故此處不予詳論。

二十七、《正法眼藏．恁麼》

這是道元於仁治三年（一二四二）三月二十日在興聖寺所作的示眾法語。

「恁麼」是唐宋時俗語，副詞，即如現在的「這樣」或「那樣」之意；或作疑問詞，即「什麼」、「如何」、「怎樣」等意。

在這篇文章中，道元引用了江西雲居山的道膺（八二八至九〇二）的「恁麼」之示眾語，加以獨特的發揮與引伸，道元將「恁麼」直接解釋為「直趣無上菩提」。具體文字如下所示：

> 雲居山弘覺大師者，洞山之嫡嗣也，釋迦牟尼佛以來第三十九世法孫也，洞山宗之嫡祖也。一日示眾云：「欲得恁麼事，須是恁麼人。既是恁麼人，何愁恁麼事。」所謂「欲得恁麼事，須是恁麼人，既是恁麼人，何愁恁麼事」者，其宗旨為直趣無上菩提，且謂之恁麼。此無上菩提之為體，即盡十方界亦是無上菩提之少許也，比之菩提盡界亦更多，我等亦是彼盡十方界中所有之調度也。依何而知有恁麼？謂身心皆為盡界而顯，以非我故，知其然也。

文中還援用了僧伽難提與伽耶舍多、六祖惠能、南嶽石頭希遷與藥山惟儼的典故，以獨特的拈提方法，展開了對「恁麼」禪意的開示和評釋。

二十八、《正法眼藏．佛向上事》

這是道元於仁治三年（一二四二）三月二十三日在興聖寺的上堂開示法語。此篇中，道元援用了洞山良价的「佛向上事」之語，闡述了成就佛祖之道，必須著眼於佛祖一路向上之道，勇猛精進，乃能究竟無上菩提。又博引了淨因枯木（生卒不詳，芙蓉道楷之嗣）、雲居與洞山、曹山本寂（八四〇至九〇一）與洞山、盤山寶積（生卒不詳，馬祖之嗣）、智門光祚（生卒不詳，香林澄遠〔？九〇八至九八七〕之嗣，雪竇重顯〔九八〇至一〇五二〕之師）、石頭希遷與天皇道悟（七四八至八〇七）、黃檗希運、牛頭法融（五九四至六五七）等禪門大德之勝躅，來說示「佛向上事」之參學關鍵所在。

二十九、《正法眼藏．授記》

這是道元於仁治三年（一二四二）四月五日在興聖寺所撰寫的作品。在此卷中，道元概述了「授記」是佛佛祖祖單傳之道，是實現佛法現成之「自己」的本來心光所展現。

道元先援用了《菩薩瓔珞經．卷九．無著品》中所說的八種授記，然後引用了雪峰與玄沙的問答。再援用了《法華經》中諸品、《維摩詰經》中的〈菩薩品〉等來拈提，最後以「一切眾生，即菩提相也」，故菩提得菩提之授記，授記是今日眾生與佛之慧命也的結論，來闡明「生佛平等」的大乘禪之宗旨。

三十、《正法眼藏．行持》

撰寫於仁治三年（一二四二）四月五日，前面已有論述，不復再敘。

三十一、《正法眼藏．海印三昧》

這是道元於仁治三年（一二四二）四月二十日在興聖寺所著之作品。「海印三昧」一語，原是《大方廣佛華嚴經》中所說，佛入定時，無礙之佛智如靜寂的大海水面映出四面八方一切森羅萬象。以此「海印」來比喻佛之心鏡明澈，絕無妄想與煩惱之染汙，也稱為「海印定」。

但是，道元所論的「海印三昧」並非以《華嚴經》為經證，而只是借用此語，以禪宗的見地來闡述「教行證」三時所顯現世界謂之「海印三昧」。正如道元在文章開頭所說：

諸佛諸祖之有者，必是海印三昧也。游泳此三昧時，有說時，有證時，有行時。海上行之功德，其為徹底行也。深深海底行，是為海上行也。此非願求脫離流浪生死、還原自我本源之什麼心行。從來之透關破節，雖從本以來即是諸佛諸祖之面面，然此亦是海印三昧之朝宗也。

佛言：「但以眾生合成此身，起時唯法起，滅時唯法滅。此法起時，不言我起；此法滅時，不言我滅。前念後念，念念不相待。前法後法，法法不相對。

是即名為海印三昧。」

可見，道元是以禪宗的觀點來說「海印三昧」。為何不直接依《華嚴經》之經意?此則不得而知。道元在文中說「三昧」，引用的是《維摩經》、《法華經》以及曹山本寂與一僧的問答等典故。不過，文中在說到大海十德之一「大海不宿死屍」時，倒是《華嚴經》之〈十地品〉中也說到的內容。道元在著作中所依據的經典，還是以《法華經》為多。

三十二、《正法眼藏．觀音》

這是道元於仁治三年（一二四二）四月二十六日在興聖寺所說的示眾法語。眾所周知，「觀音」是諸佛父母也同參的大悲觀世音菩薩，或稱觀自在菩薩，古佛「正法明如來也」。

在此篇中，道元用藥山惟儼的兩位法嗣雲巖曇晟（無住大師，七八二至八四一）與道吾圓智（修一大師，七六九至八三五）關於觀音的問答來作拈提，以闡述觀音之殊勝功德與無邊利益。道元說示道：

釋迦老子所道取之觀音者，纔千手眼也，十二面也，三十三身、八萬四千也。雲巖、道吾（所道）之觀音者，即「許多手眼」也，然非多少之道。參學雲巖、道吾（所道）「許多手眼」之觀音時，則一切諸佛成就八九成觀音三昧也。自佛法西來以來，佛祖雖有道取觀音，然以不及雲巖、道吾故，今特道取此觀音也。

道元在文中敘述了禪宗祖師中永嘉玄覺（真覺大師，六六五至七一三）、麻谷（生卒不詳）與臨濟義玄（？至八六六）、雲門文偃、百丈懷海等關於觀音的古則公案，以及《楞嚴經》中的圓通觀音與《法華經》中的普門觀音之經文典據，來闡明觀音的神通自在力，但是，道元認為猶不及雲巖、道吾之透徹，故深許之，即其所謂「今特道取此觀音也」。

麻谷與臨濟的問答，在《臨濟錄》中臨濟的上堂之公案：

師（臨濟），因一日到河府。府主王常侍，請師陞座。時，麻谷出問：大悲千手眼，那個是正眼？臨濟云：大悲千手眼，那個是正眼，速道！速道！麻谷拽師下座，麻谷卻坐。師近前云：不審？麻谷擬議。師亦拽麻谷下座，師卻坐。麻谷便出去，師便下座。

不過，從年代與問答內容來看，這裡的麻谷不應是馬祖道一法嗣麻谷寶徹（生卒不詳）禪師，而可能是寶徹所住持之麻谷山來的後代衲僧。關於麻谷寶徹，道元在天福元年中秋日在建仁寺為俗弟子楊光秀所開示的《正法眼藏．現成公案》中援用了寶徹的「風性常住話」，前文已言及，請參照之。

三十三、《正法眼藏．阿羅漢》

這是道元於仁治三年（一二四二）五月十五日在興聖寺的示眾法語。在此卷中，道元並不用大、小乘、三乘與一乘等教相判釋的觀點，而認為佛的境界就是阿羅漢，而阿羅漢則為追求無上智慧的聖者。

在文中，道元引用了《法華經》、《摩訶止觀》之經文，並援用了唐代南泉普願、宋代夾山圜悟克勤（一〇六三至一一三五）以及百丈懷海的言句，對阿羅漢的意義以及本質進行了頗具特色的論說。

三十四、《正法眼藏．柏樹子》

這是道元於仁治三年（一二四二）五月二十一日在興聖寺的示眾說法。眾所周知，「庭前柏樹子」是趙州從諗（七七八至八九七）與一僧的有名禪話。道元對趙州極為推崇，敬稱為「古佛」。而道元饒有興趣地論說了「柏樹子」與「虛空」、以及「祖師西來意」、「佛性」、「成佛」等的宗門極意。

道元首先敘述了趙州禪師參學南泉普願的事蹟，然後拈提並講評了「趙州柏樹子」公案的旨意所在。道元在文中有一段論述頗有深意，錄之如下：

大凡（謂）柏樹有佛性者，非外道、二乘等境解，亦非經師、論師等之見聞，況以枯木、死灰而言花之開演哉？唯趙州之種類，（有）參學參究也。今趙州道之柏樹有佛性者，為柏樹被柏樹礙也無？佛性被佛性礙也無？此道取，非一佛二佛之所能究盡；縱有佛面，未必可究盡此道得。設令在諸佛中，當有道得之諸佛，亦當有道不得之諸佛。

謂「待虛空落地」者，非謂不可有。柏樹子每次成佛，則虛空落地也。不隱其落地之響，甚過於百千之雷（響）。柏樹成佛之時，且在十二時中，然更為十三時中也。其落地之虛空，則非凡聖所見之虛空。此外，有一片虛空，餘人所不見，趙州一人見也。虛空之落地，亦非凡聖所領之地。更有一片地，陰陽所不到，趙州一人到也。虛空落地之時節，縱令日月山河，亦當「待」也。誰道取（有）佛性必成佛？佛性者，乃成佛以後之莊嚴（事）也。更者，當有與成佛同生同參之佛性。

然則，柏樹與佛性，非異音同調。何必為道？當作麼生參究？

如上，道元針對「庭前柏樹子」這一外境，以之示人於「祖師西來意」之超出作意理會之凡塵心識，須是直下承當者；非心非佛非物，唯信得及之道取，無妨將錯就錯，作隨流逐波去之道得也。這是道元所體覺的趙州之「示境」與「奪境」以及「示人」與「奪人」之殺活毒辣手眼之現成公案也。

而對僧所問「柏樹佛性有無？」「柏樹幾時成佛？」「虛空幾時成佛？」以及趙州所答「有佛性」、「待虛空落地」、「待柏樹子成佛」的問答，道元抓住了「有」與「時」以及「待」的關鍵字。「有」者，山河大地普同成佛之悉有之存在意義，佛眼之所及之「落地之地」與「虛空」也；「時」者，「更為十三時中」，佛耳之遍聞不隱之「虛空落地」時之「響」也；而「地」與「時」之同到，則「唯趙州一人到」之透脫境界也。「待」者，會取，道取之領悟之時節，「佛向上路」之因緣際會，「當作麼生參究？」

道元末後之一句，淵然一聲雷也。

三十五、《正法眼藏．光明》

這是道元於仁治三年（一二四二）六月二日在興聖寺的示眾法語。在此卷中，道元開門見山地援用了唐代長沙景岑的上堂示眾法語中「盡十方界，是沙門眼。盡十方界，是沙門家常語。盡十方界，是沙門全身。盡十方界，是自己光明。盡十方界，在自己光明裡。盡十方界，無一人不是自己。」之文句來說明，參悟佛道，乃是學得全現自己的本具之光明，非以文字、經卷所示光明之言教為拘泥，而是開啟頂門一隻眼，得以照天徹地之「盡十方界」，此與自己眼睛等倫無異。

道元列舉了東震自漢明帝永平十年（六七年）佛法傳來，初祖達磨與二祖慧可相印在少林，乃至唐代憲宗皇帝與韓退之（七六八至八二四）關於「佛光」的朝議，唐代龐居士的「明明百草頭」的言句，以及雲門文偃的「人人盡有光明在」的上堂法語以及雪峰存義的示眾法語、雪峰法嗣保福從展（？至九二八）與鵝湖智孚（生卒不詳）的酬答，玄沙的法嗣羅漢桂琛（八六七至九二八）之言句等，來闡明清淨自性中心光所煥發的「光明」。

道元在對雲門所示「人人盡有光明在」一句，在文中評釋道：

「人人盡有光明在」者，非雲門之自構，乃是人人之光明親自拈光為道也。謂「人人盡有光明」，渾身自是光明在也。謂光明者，人人也。拈得光明而為依報、正報。當是光明盡有人人在，光光自是人人在；人人自有人人在，光光自有光光在；有有盡有有有在，盡盡有有盡盡在。

道元的疊字用得很有意思。不過，「光光」一語出自《梵網經》；自己光明與佛祖光明相映照，盡人盡己，盡佛盡祖，為在一大光明裡，盡十方界，唯佛與佛相見處。這也可回應龐居士的「明明百草頭，明明祖師意」之深意，也可喝破瑯琊慧覺與長水子璿的「云何忽生山河大地？」之酬答。道元說：「須參學光明、自己、盡十方界也」。此篇與上面的〈一顆明珠〉一卷旨意相同。

道元在文末記道：

仁治三年壬寅夏六月二日夜三更四點示眾于觀音導利興聖寶林寺，于時梅雨霖霖，簷頭滴滴，作麼生是光明在？大眾未免雲門道覷破！

可見，這是道元處夏安居時，在半夜三更四點的曉天坐禪中，於僧堂的示眾法語。「作麼生是光明在？」當在雲門道覷破處，在釋迦睹明星時，在個個衲僧頂門上，在山河大地草木牆壁之頭頭邊，乃「盡十方界」之現成，雖無明暗夢也未見，但疑殺話頭之妄念，相見雪峰所示「通身是眼睛」之旨，方可自見自己之眼睛也。

三十六、《正法眼藏．身心學道》

這是道元於仁治三年（一二四二）九月九月重陽日在興聖寺的示眾法語。在此卷中，道元將修行佛道分為「身學道」與「心學道」兩個方面來展開論述。

關於「心學道」，道元援用了南嶽懷讓的開示為中心，論及了歷代佛祖的學道勝躅，闡明了發菩提心的重要性，以及引用南陽慧忠關於古佛心的要義是在平常心。而關於「身學道」，援用了百丈以及圜悟之語句，來說明實現佛道必須以身作則，以戒律己，此方為出家之真實之學道，謂之「盡十方界真實人體」。

此即透脫身心之佛道的修證通途。

三十七、《正法眼藏．夢中說夢》

這是道元於仁治三年（一二四二）九月二十一日在興聖寺的示眾法語。在〈夢中說夢〉中，道元認為，諸佛以及諸佛諸祖的說法，皆是夢中說夢，所謂「頭上安頭」，為轉法輪度眾生故，作老婆心以黃葉止小兒啼而須說夢也。文中援用了《金剛經》、《法華經》的經文，以及長沙景岑、雪竇重顯等語錄言句來說明成就佛道，也必須是「夢作夢中」、「夢中說夢」，此乃佛化，此乃聞法參學之行持。在此卷中道元說道：

此道，須明究參學。謂拈華瞬目，即是夢中說夢；禮拜得髓，即是夢中說夢也。大凡道得一句、不會不識者，夢中說夢也。千手千眼，用許多作麼故，見色聞聲，聞聲見色之功德具足。有通身之夢中說夢，有說夢說法蘊之夢中說夢。把定、放行之為夢中說夢也。直指者，說夢也；的當者，說夢也。設使把定、設使放行，亦當學平常之秤子。學得者，則目銖機兩必現，夢中說夢自出。不論銖兩，若至之於平，則無平之現成；得平，即見平也。既得平處，則不依物，不由秤，不依機。雖不被空所懸，然須參究若不得平則不見平。如自懸空，有接取物而令其遊化於空之夢中說夢也。空裡現身為平，平者，秤子之大道也。懸空掛物，設使是空，設若是色，然有遇平之夢中說夢也，無不謂是解脫之夢中說夢。夢是盡大地也，盡大地者，平也。是故，回頭轉腦之無窮盡，即是夢中證夢，信受奉行也。

由上文可知，道元所說的「夢」，非一般意義上的夢，而是包涵了「覺夢」

證悟的「夢中證夢」之覺醒，無大夢則無大覺，無夢中焉能說夢，有說夢故，有證夢之覺。正如道元在文中說「夢、覺，本是如一也，是實相也」；「而今之娑婆世界之一化之佛道，即是夢作也」。道元的「夢」，是發心修行乃至成等正覺之佛行處，生佛之一平等之境地也。

三十八、《正法眼藏．道得》

這是道元於仁治三年（一二四二）十月五日在興聖寺的示眾法語。在〈道得〉中，道元向堂中衲僧開示：僧堂生活的生涯中，一切皆為實現「道得」之現成。

「道得也無？」或「道得也未？」「會得不？」等本是宋人之口語，即意為「能說到點上否？」「明白了沒有？」等意思，道元將此中「道得」一語，轉換為特定意義的「佛道之領悟」之義；換言之，即將動詞的「道」（說）轉為接近於名詞的得「道」（法）之意解，而成「道取」之術語，遂與道元常說的「道取」之一術語相為呼應。當然，此中的「道」也時時隱約似存有「說」的意思，即「道得」或「道不得」之微弱的原唐宋語境。這是道元禪世界中對中國語境的外延性詮釋，也是道元禪所特有的重要轉語。正如道元文中說道：

> 諸佛諸祖者，道得也。所以，佛祖之選佛祖時，必問取「道得也未？」此問取，或於心而問取，或於身而問取，或於拄杖拂子而問取，或於露柱燈籠而問取。若非佛祖，則無問取，無道得，以無處所故。
>
> 其道得者，非從他人得，非自力能；唯當有佛祖之究辨，即有佛祖之道得也。
>
> 彼道得中，昔亦修行證究，今亦功夫辨道。佛祖之功夫佛祖，究辨佛祖之道得時，此道得自為三年、八年、三十年、四十年之功夫，盡力道得也。

「道得」包括了時間與空間上的概念，即昔日之有「問取」，乃有今時之「道得」，豎說三世之時，橫言十方之處。道元之「道得」，是因果相成之道得，是彼此相應之道得，是成就佛佛祖祖之真實世界的如是現成之風景。

在文中還引用了趙州禪師的示眾法語中「不離叢林，兀坐不道」之語，以說明「道得」的參學與功夫；又引用了雪峰禪師與一僧之酬答，來究辨行取「道得」之極意。

三十九、《正法眼藏．畫餅》

這是道元於仁治三年（一二四二）十一月五日在興聖寺的示眾法語。在此卷中，道元闡述，凡夫眾生因為我欲所繫縛，雖學佛法終如畫餅，不得成就。

道元於文中援用了香嚴志閒（？至八九八）之「畫餅不可以充饑」語句；然後，又引用六祖與懷讓、洞山、雲門、宏智、如淨等古德之言語，來論述「畫餅」與「不充饑」之事相。在最後文中，卻以奇特的思維，筆鋒一轉，認為所謂的參學辨道，就是明徹這個「畫餅」的道理，此方是大悟之轉機，乃成佛道功德之現成。在文中，道元有如此一段論說：

> 然則，今道著之「畫餅」，即一切之糊餅、菜餅、乳餅、糍餅等，皆是由畫圖現成，須之畫等、餅等、法等也；是故，今所現成之諸餅，共是畫餅。此外求之，終不相逢，未拈出也。一時現，而一時不現。然非老少之相，非去來之跡，而於這頭，畫餅以國土顯現而成立也。
>
> 「不充饑」者，饑雖非十二時使得，然不有相見畫餅之便宜；吃著畫餅，終無止饑之功。以無與饑相待之餅，無與餅相待之餅故，活計則不流傳，家風則不流傳。饑亦是一條拄杖，橫擔豎擔，千變萬化；餅亦是一身心現，青黃赤白，長短方圓。今畫山水，用青綠丹雘，用奇巖怪石，用七寶四寶；畫餅之經營，亦復如是。畫人，用四大五蘊；畫佛，非但用泥龕土塊，亦用三十二相，用一莖草，用三祇百劫之熏習。以如是圖來一軸畫佛故，一切諸佛，皆是畫佛也；一切畫佛，皆是諸佛也。畫佛與畫餅，須得檢點！何為石烏龜？

何為鐵拄杖？何為色法？何為心法？須審細功夫參究！恁麼功夫（參究）時，生死去來，悉是畫圖；無上菩提，即是畫圖。大凡法界、虛空，皆無不是畫圖。（中略）

是故，若非畫餅，即無充饑之藥；若非畫餅，則不相逢於人；若非畫餅，則無力量。大凡充於饑，充於不饑，不充饑，不充不饑，若非畫餅，則不得也，不得道也。須參學這個即是畫餅！參學此宗旨時，則可聊於身心究盡轉物無轉之功德。若此功德尚未現前，乃學道之力量尚未現前也。令此功德現成，是證畫現成也。

可見，道元從香嚴以及雲門等「畫餅不充饑」之禪語，一轉成為自己的禪法理解，即認為參學就是參透這個「畫餅」的宗旨，認為「餅」之畫成，如「佛」之畫就，須要知道其作法與用法等功夫。道元認為，法界、虛空，乃至生死、菩提皆是畫圖。道元風趣地說：「若言畫非實，則萬法皆非實；萬法皆非實，則佛法非實。佛法若實，畫餅則當是實。」

在中國禪宗古德的禪問答中，「畫餅」是意為虛構不實的意念作用。正如雲門因僧問：如何是超佛越祖之談？雲門答曰「畫餅！」那樣，似是一種否定的回答，即與「無」相同。但是，道元卻在此之上，更加以參究之，即在「畫餅」否定之後，再作重新肯定，將畫餅之事相（現象世界）與能畫、所畫的本體與功用相連續，主張對現象世界之認識不離本體之參究，乃一體之表裡。由此推之，這裡的「畫圖作餅」與上文所論的「磨磚作鏡」意義相同。

道元認為，成佛作祖，在吾人一切威儀作法之中，在影像之轉動止靜之中，在十二時意念思量之中，無一法非佛法，無一物而能超越佛法。這便是道元的「全體」現成的禪法。在道元看來，佛祖的拈華微笑、禮拜得髓、擊竹悟道、乃至黃花翠竹的現前、溪聲山色的見聞，無不是如實不虛的境界「全現」。

道元不贊同宋代一些禪者認為學佛有階梯，即有接引方便而至成佛之目的。道元主張，發心、修行、菩提、涅槃乃是「道環」，即萬法一如，身心作佛。這是道元禪之孤絕高峻之處，也是洞上一宗所謂「思量箇不思量底，如何思量?非思量」的修證之理路。

四十、《正法眼藏·全機》

這是道元於仁治三年(一二四二)十二月七日,在京都六波羅蜜寺旁邊之前雲州刺史波多野義重幕下的示眾法語。在〈全機〉一卷中,道元論述;了佛祖的大道,即是透脫生死大事;而欲了脫生死,則必須悟徹生與死的「全機」。「全機」的「全」是生命的全體全貌之意;而「機」則是機要,即是功用之意。道元在文中援用了佛果禪師圜悟克勤的語錄,來闡明生死之本質與意義。道元說道:

> 圜悟禪師克勤和尚云:「生也全機現,死也全機現。」此道取,須明參究!謂參究者,「生也全機現」之道理,不關乎始、終,雖是盡大地、盡虛空,然不但不相罣礙「生也全機現」,亦不罣礙「死亦全機現」也。「死也全機

現」時，雖是盡大地、盡虛空，然不但不相罣礙「死也全機現」，亦不罣礙「生也全機現」也。是故，生者不罣礙死，死者不罣礙生也。盡大地、盡虛空，皆於生亦有，於死亦有。然則，一枚之盡大地、一枚之盡虛空，非生亦全機，非死亦全機。非一而非異，非異而非即，非即而非多。是故，生亦有全機現之眾法，死亦有全機現之眾法。雖非生非死，然亦有全機現。全機現中，有生有死。是故，生死之全機者，如壯士屈臂，當有之；如人夜間背手摸枕子，亦當有之。此有許多神通光明而現成也。

道元在上文中，欲將眾生一期的分段生死轉化為菩薩的變易生死；而菩薩之生死，乃是全宇宙之體現，如「壯士屈臂」，自在無礙。「壯士屈臂」乃佛經用語，是指速度快捷，如人伸臂於頃刻之間；「如人夜間背手摸枕子」也同此意，意為在伸手之間，不費工夫，語出道吾圓智。

在《天童宏智廣錄．卷二．頌古》中所提唱過的一段雲巖曇晟與其法兄道吾圓智的「通身是手眼」問答，道元在〈觀音〉一卷中，也開門見山地拈提並評唱了這段公案。道元在文章開頭便說道：「諸佛大道，其究盡處，透脫也，現成也。謂其透脫者，或生亦透脫生，死亦透脫死也。是故，有出生死，有入生死，皆是究盡之大道也。」道元此處「出生死」者，即眾生學道超脫生死，成就佛道；「入生死」者，隨緣救度眾生，菩薩之大智大行也。雖有「出入」之生死，然其究盡處則非一非異，即於佛祖大道中全機全現、透脫自在故也。

四十一、《正法眼藏・都機》

這是道元於仁治四年（一二四三）一月六日在興聖寺撰寫。是年二月二十六日改元為寬元。「都機」是道元之特殊用語，意與前面的「全機」相同，即為「圓滿無缺，現成無隱」之意。不過，道元以「水月」與「心月」作譬喻佛道之圓滿光輝，如如現成，極富哲學與美學意境。文中援用了《金光明經》、《法華經・普門品》、《六祖壇經》、《圓覺經》等大乘經文以及盤山寶積、龐居士之語，並拈提了投子義青（一〇三二至一〇八三）與一僧之問答，來闡明佛之圓覺，如一輪孤圓，寂而常照，照而常寂。

正如道元在文中說道：「此心即是月，此月自是心也。佛祖佛子之心，究其理，究之事，蓋如是焉。」說明佛心之明澈，恰如滿月之遍照無礙也。

四十二、《正法眼藏．空華》

這是道元於寬元元年（一二四三）癸卯三月十日在興聖寺的示眾法語。在此卷中，道元將佛世界以及諸佛法比作「空華」；不過，道元的「空中華」，並非只是指因由眼病而見空花之「妄見」，在說「水中月」時亦復如是。

在道元看來，盡法界盡虛空，即是「空華」與「水月」；所以，道元是完全從肯定的意義上說「空華」與「水月」的功德，主張此空華所開敷、水月之示現，無不是如如之佛法！雖然出奇，但這恰恰是道元高人一著之見地。道元在文中說道：

唯諸佛知空華、地華之開落，知空華、地華、世界華等之為經典也。此是學佛之規矩也。佛祖之所乘是空華故，佛世界及諸佛法即是空華也。

然則，傳聞如來道「翳眼所見者空華」，凡愚之輩則以為謂「翳眼者」，即謂眾生之顛倒眼；以病眼既見顛倒，故於淨虛空見聞空華。因執此道理故，妄見三界六道、有佛無佛，皆非實有而為有。此迷妄之眼翳若除，則不見此空花。是故，活計而道取「空本無華」也。可憐！如是之輩，不知如來所道空華之時節及始終。諸佛所道「翳眼空華」之道理，非凡夫外道之所見也。諸佛如來，修此空華而得衣、坐、室也，得道得果也。拈華瞬目，皆是翳眼空華之現成公案也。菩提涅槃，法身自性等，即是空華之開五葉、開兩三葉也。

可見，道元認為傳統的「翳眼空華」之見解，乃是堪為可憐的凡愚之輩之見識。若明如來空華之理，則入佛之智慧，是則真見如如世界「桃李梅柳」之開落時節與因緣果報。道元為此還援用了《首楞嚴經》等經典，以及引用了祖師語錄中的達磨與慧可的悟道偈語、石霜慶諸（八〇七至八八八）的俗家弟子張拙秀才的悟道頌、歸宗智常與法嗣芙蓉靈訓之間的問答、瑯琊慧覺的偈頌、洞山良价之語、梁山緣觀的法嗣石門智徹與一參學僧的問答等眾多的典據與公案，妙筆生花地來論證「空華」之甚深微妙不可思議之宗義所在。

四十三、《正法眼藏·古佛心》

這是道元於寬元元年（一二四三）四月二十九日在京都六波羅蜜寺的示眾法語。在〈古佛心〉一卷中，道元闡述，超越古今、貫穿古今之心，則為「古佛心」，並廣引天童如淨、圜悟克勤、疎山廣仁（八三七至九〇九，洞山良价之法嗣）、雪峰義存、南陽慧忠、漸源仲興（生卒不詳）等之話語，來論說何謂「古佛」以及何謂「古佛心」之重要法義。道元將此「古佛心」反覆研讀，以懇切地闡明參學就是參古佛之心，復古心之佛，證古心之佛。文中說道：

花開之萬木百草，是古佛之道得，是古佛之問處。世界起之九山八海，是古佛之日面月面，古佛之皮肉骨髓。更復當有古心之行佛，當有古心之證佛，當有古心之作佛，當有佛古之為心。言古心者，心古故也。心佛必為古故，古心即是椅子竹木。「盡大地覓一箇會佛法人不可得，和尚喚這箇作甚麼？」今之時節因緣及塵剎虛空，無非皆是古心。保任古心，保任古佛；一箇面目而兩頭保任，兩頭畫圖也。

道元的語言表達，的確但從字面上不易明瞭。特別是「佛古」或「心古」或「心佛」等術語，不很符合漢語之表述規則，中國的禪師決不會作這樣繞口令似的解釋。

不過，道元在此是意從「古佛心」三字中來參盡「古」、「佛」、「心」三字所含有之方方面面與時時刻刻，此方方面面與時時刻刻即如如之世界之萬有，是盡大地之一箇「真實人體」，是當下吾人面門前時現時沒之無為真人，即是明明百草頭，即是「椅子竹木」，即是「牆壁瓦礫」，即是諸法實相與諸法真諦之本來現成。

四十四、《正法眼藏．菩提薩埵四攝法》

這是道元於寬元元年（一二四三）五月五日端午所撰述之作品。所謂「菩提薩埵四攝法」指的是，菩薩為攝取乃至度脫眾生而履行的布施、愛語、利行、同事之法門。

道元所闡述的「四攝法」之意義，很有卓見。比如說，「布施」一法，道元認為就是懷「不貪」之心，這才是「布施」之真實意義，頗有啟發性。還有，道元所說的「四攝法」，既說是為救度拔濟他人的言行，又強調參究和完善自己的心性。

四十五、《正法眼藏．葛藤》

這是道元於寬元元年（一二四三）七月七日在興聖寺的示眾法語。在此卷中，道元將佛佛祖祖的嗣法說成是「葛藤」。

一般來說，「葛藤」一語，是指如植物「葛」和「藤」的枝枝蔓蔓那樣錯綜纏繞一樣，心中處於煩惱迷妄的狀態。但是，道元在文中卻不同常說，或說在常說之所謂學佛就是「截斷葛藤」的主張之上，更進一步，主張參學佛祖之法其實就是參學「葛藤」，佛祖的嗣法就是葛藤之道著與證著，此說頗為新意盎然。道元在文中說：

> 大凡諸聖雖趨於參學截斷葛藤之根源，然不參學以葛藤斷葛藤之謂截斷，不知以葛藤纏葛藤，何況知以葛藤嗣續葛藤哉？知嗣法是葛藤者稀，能聞者無，道著者未有，證著者多乎？

可見，道元認為，與其著意截斷，不如究盡「葛藤」本身的意義更合符佛祖之大道。道元以此旨意，更博引釋迦「拈花微笑」與摩訶迦葉的「破顏微笑」之嗣續、達磨對慧可的印可、達磨與四人弟子的「皮肉骨髓」對話、以及先師天童如淨的「葫蘆藤種纏葫蘆」之說示，還有趙州的示眾法語、雪竇重顯的頌古、雪峰義存之語句等，來展開自己「葛藤」參究之理路，論證「佛祖證契」之心法，即是「葛藤」纏「葛藤」的參學之道。道元的「就事論事」之論證法，可謂是別具一格，極富哲理。

綜上所述，道元從寬喜二年（一二三〇）三十一歲時因得罪比叡山僧而離開建仁寺，往山城深草隱居，至寬元元年（一二四三）四十四歲，這十餘年中，開堂說法，教化道俗。其間，撰寫了《正法眼藏》中約半數左右分量的豐富著作。

這一期間，是道元整個生涯中，將在入宋期間於天童如淨下所參悟所證得的禪法，如瓶瀉水似地傳給前來參學的弟子們。尤其是以原達磨宗徒的懷奘、義介、義演以及義尹等俊才為中心的原始僧團之形成，對日本曹洞宗的初創以及對道元禪風的弘傳，奠定了堅實的基礎。

諸弟子中，孤雲懷奘雖年長於道元，卻殷勤侍巾於左右，將道元的說法一一記錄；後來到了越前（約今日本福井縣）後，繼續隨侍道元，對道元的說法不斷加以編錄和整理。其行狀頗似昔日天台智者（五三八至五九七）門下的章安灌頂（五六一至六三二）。

道元在深草與聖寺的聚眾說法，還是引來了比叡山方面一部分山僧的嫉恨，又不得不離開苦心經營了十數載的道場，率門下弟子遷往更加遠離都邑城市的越州，於深山幽谷中展開了他一生涯中最為壯絕的、最後十年弘法利生的歲歲月月。

移錫吉峰寺後

移錫吉峰寺後，道元繼續說法示眾，留下了很多《正法眼藏》的名篇，茲概述如下——

一、《正法眼藏·說心說性》

這是道元於寬元元年（一二四三）入越後不久（月份未有詳記），在吉峰寺示眾時的開示。在〈說心說性〉一篇中，道元論述了說心與說性是修行佛道之根本。在文中道元開篇就援用了神山僧密（生卒不詳，雲巖曇晟法嗣）與洞山良价的問答，而由此筆鋒一轉，批判大慧宗杲對心性之錯誤見地。

道元從入越以後，開始對大慧禪抱有較為強烈的批判態度，這可以說是道元禪思想中一個比較明顯的轉折點。上文也曾提到過，道元門下聚集了大慧派達磨宗的餘部舊徒；因此，道元在此之前對大慧禪的評論還比較隱晦。而入越之後，開始直接指名道姓地加以嚴厲批判，未知其中緣故何在。

在文中又拈提了達磨與慧可的問答等，以指明說心說性在修證佛法中的重要意義。在文末道元總結道：

大凡佛道祖道中，即有如此之說心說性而被參究也，且又是死十分之死，現成上得活之活計也。

須知自唐代至今日，不明說心說性之為佛道，暗於教行證之說心說性，胡說亂說之可憐憫者多矣！須於身先身後救之。須為其說：說心說性是七佛祖師之要機也！

心性問題，在唐宋時代成為思想界最為重要的論題之一。道元站在佛法的遍有心性或佛性悉有的「佛性」觀點上，來批判中國禪宗中比較接近儒家之「格物說理」的思想傾向者。大慧的「心性論」之與否，在此暫不細論；不過，在道元看來未契佛祖大道，只在「談玄說妙」的境界而已。道元對臨濟宗的批判似是從這箇觀點出發，他在文中說道：

臨濟盡力道取者，儘無位真人，而未道取有位真人。所剩之參學，所剩之道取未現成，可謂未到參徹地！以說心說性是說佛說祖故，耳處亦可相見，眼處亦可相見。

道元的「有位真人」之「道取」，頗有特色，許是從佛法的全體性而言，非只取心性澄湛寂靜上之本體，更注重迷中因緣之修行與大悟，所謂「迷者亦大悟，悟者亦大悟，不悟亦大悟，不迷者亦大悟，證契者亦證悟。」所以，道元認為，正直之佛道，就是在說心說性；而「心」、「性」中囊括了「迷」與「悟」之全體，絕非宗杲所主張之「不得說心說性」的證契之說。

二、《正法眼藏．佛道》

這是道元於寬元元年（一二四三）九月十六日在越州吉峰寺的示眾法語。在此卷中，道元闡述了佛祖正傳的佛道，是從過去七佛到六祖為四十佛祖，而從釋迦牟尼佛直傳到曹溪惠能則有三十四代；此嫡嫡相承的正法，瓶瀉至今不絕。道元反對世間的宗派枝分之說法，對禪宗五宗之說不以為然，認為佛道只是一脈正傳之大道。

道元這種見解，從佛法的全體而言，當然無可厚非；但是，禪宗在六祖之後的五葉流芳，所謂臨濟、曹洞、雲門、法眼、潙仰五家宗派，然後從臨濟再分出黃龍、楊岐兩宗，合為「五家七宗」，也是禪宗發展的歷史。五家七宗各擅宗風，接引學者，至道元求法之南宋時代，臨濟一宗盛極天下，尤以楊岐下的大慧、虎丘執佛家之牛耳，而曹洞宗勢則日顯式微。道元嗣法於如淨，乃是洞上之傳。

道元於此篇中，改變了自己以前也承認過的傳統宗派之說法，筆鋒急轉，開始堅決批判稱有「禪宗」之宗號論者，頗有憤世嫉俗之氣概。道元在文中引用了六祖惠能、覺範慧洪（一〇七一至一一二八）的《石門林間錄》、石頭希遷、天童如淨等人的語句，以及援用了周文王與太公望的問答、潙山靈祐與仰山慧寂（八〇七至八八三）、臨濟義玄、雲門文偃（八六四至九四九）、法眼文益（八八五至九五八）、洞山良价等言語，來論述只有佛祖正法眼藏之宗旨，而本無什麼宗派之謬說。道元嚴詞厲色地說道：

> 西天東地，從古至今，尚無禪宗之稱；錯亂自稱（禪宗）者，是破佛道之魔

也，佛祖不招之冤家也。（中略）特將佛佛正傳之稱為禪宗之輩，於佛道，夢也未見，夢也未聞，夢也未傳。莫聽許自號禪宗之輩亦有佛法。禪宗之稱，誰稱來？未有諸佛祖師之稱禪宗者。須知禪宗之稱者，魔波旬之稱也！稱魔波旬之稱者，應是魔黨，非佛祖之兒孫！

道元在猛烈地批判了持「禪宗宗號」的謬論之後，理直氣壯地說：

是故，欲正傳學佛之道業，不應見聞宗稱。佛佛祖祖付囑、正傳者，正法眼藏無上菩提也。佛祖所有之法，皆（由）佛付囑而來也，更無其他剩餘之新法。此道理，即是法骨道髓也。

道元對佛道的認識，只聽許純一無雜的古佛之道，對於世俗所執之宗派門戶之見，可謂是深惡痛絕。道元入越之後的宗教立場，筆者認為，是以獨立遺世的孤絕之風骨與姿態，極力呼籲學佛必須回歸歷代祖師、回歸過去七佛的正法，即實現全體之戒、定、慧、解脫的純粹祖道。在此文中，充分地反映出道元思想這一重要特徵。

不過，道元的法脈，尤其到了第四代的瑩山紹瑾（一二六八至一三二五，太祖常濟大師）則全面推出日本曹洞宗的宗號，為道元所傳的道業，在日本競相立宗開派的禪林中，奮力爭得了一席之地。理想的佛國世界與現實的人間娑婆，如何看取？如何出入？各有各人之說法與做法。此是後話，暫按下不論。

三、《正法眼藏．密語》

這是道元於寬元元年（一二四三）九月二十日，在吉峰古精舍的示眾法語。在〈密語〉一卷中，道元認為，只有「密語」才能護持佛佛祖祖所傳之正法。這裡的「密語」，道元未全作「密而不傳之語」之意來解說，又作「親密之道理」解，故說為「無處不覆藏」。道元援用了雲居道膺「世尊有密語，迦葉不覆藏」的公案，以及師翁雪竇智鑑（一一〇五至一一九一）的「世尊有密語，迦葉不覆藏；一夜落花雨，滿城流水香。」之開示語，來闡明「密語」乃親密之意，而非愚人將「密語」解說成「他人不知，乃自知；有能知之人，有不知之人」之謬論。

道元所指的「愚人」究竟是誰，道元沒有具體說明。不過，在舉似了師翁之語後，有一句「非臨濟、德山之所及」，可推測是指當時臨濟宗高位的禪僧們。道元在文中指出：

> 謂密者，即親密之道理也；無間斷也，蓋佛祖也；蓋汝也，蓋自也；蓋行也，蓋代也；蓋功也，蓋密也。

道元頻頻所用的「蓋」字，可解讀為「全體」或「遍蓋」的意思。道元認為，佛祖所相承的道法，是親密無間斷的嫡嫡相傳，本無玄妙之理與隱密之法。道元的解釋與眾不同，從來不以主觀與客觀、時間與空間的立場來分析觀察，意將佛法與自他等打成一片，不留痕跡，而舉體全現。

四、《正法眼藏．諸法實相》

這是道元於寬元元年（一二四三）九月中在吉峰寺的示眾法語。在此卷中，道元以《法華經》所說的「諸法實相」為經證，宣揚了一切存在無不是佛之顯現的真實世界。在此卷開頭，道元就說道：

佛祖之現成者，究盡之實相也；實相者，諸法也。諸法者，如是相也，如是性也；如是身也，如是心也；如是世界也，如是雲雨也；如是行住坐臥也，如是憂喜動靜也；如是拄杖拂子也，如是拈華微笑也；如是嗣法授記也，如是參學辦道也，如是松操竹節也。

道元的思想中，因初心學道在天台法華宗，故著作中有著很是濃厚的法華一乘思想。在《法華經．方便品》中有「十如是」，即「如是相，如是性，如是體，如是力，如是作，如是因，如是緣，如是果，如是報，如是本末究竟」。道元在此經意之上，再作發揮，他對《法華經》中所說「唯佛與佛乃能究盡諸法實相」之名句，以禪家的作風加以解說，援用雪峰義存的語句，批判了當時大宋國一部分禪者所主張的「三教一致」思想，認為佛法應是獨尊，非儒道等教義所能相及。又援用了圜悟克勤、長沙景岑、天童如淨、應庵曇華等禪德之開示，來說明唯有佛法最為真實的道理。

道元並回味了十八年前在先師天童如淨會下參學時的所得，最後舉玄沙師備與一僧的問答，來闡明「諸法實相」乃是佛佛祖祖之命脈，乃是正法眼藏之骨髓。

五、《正法眼藏．佛經》

這是道元於寬元元年（一二四三）九月在吉峰寺的示眾說法。道元在此卷中，援用了《法華經》以及甚多禪門公案，闡明佛家「經卷」乃是盡十方界，而非只是文字之表相，「經卷」為世界之萬像之總體。

道元並對當時大宋禪林所主張之「三教一致」喻為鼎足」的觀點加以批判，

認為是肆意杜撰之狂者，輕視佛法，故使得佛道式微。道元主張，唯有佛法至上；而欲參學，必須參究佛經之廣文深義，此則為辨道之標準。

六、《正法眼藏．無情說法》

這是道元於寬元元年（一二四三）十月二日在吉峰寺的示眾法語。在此卷中，道元援用了南陽慧忠與一僧、以及雲巖曇晟與洞山良价關於「無情說法」的問答，並引用了長沙景岑、天童如淨、投子義青等人之語句，來闡述「無情說法」之真意。道元在文中論道：

> 大凡聞法者，非唯耳根、耳識之境界，將父母未生以前、威音王以前、乃至盡未來際、乃至無盡未來際之舉力舉心、舉體舉道而聞法也。

道元所注重的「無情說法」，是遠離人天思量範疇的「說者」以及「聞者」，主張以六根圓通之透脫境界，來體究盡十方界、盡未來際之佛祖大道。

七、《正法眼藏．面授》

這是道元於寬元元年（一二四三）十月二十日在吉峰精舍的示眾法語。在此卷中，道元力說，佛佛祖祖所傳的正法眼藏涅槃妙心，乃是由師、弟親傳親承的「面授」之法，宛如瓶瀉相承、相續不斷、無漏盡得之血脈。文中列舉了自釋迦傳迦葉，乃至如淨傳至道元的印可面授。道元在文中說道：

大凡佛祖大道者，唯面授面受、面受面授也，更無有剩餘之法，亦無欠缺。亦當隨喜歡喜、信受奉獻能遭遇此面授之自己之面目。

道元於大宋寶慶元年乙酉五月一日，始禮拜先師天童古佛，（得其）面授，略聽許其（佛法）堂奧，纔脫落身心，保任面授，返回日本國。

道元入宋求法，遍參尊宿，值遇正師如淨，身心求法、身心得道。道元認為，面授面受之真正相見，非眼見耳聞之限量所能體會，而是身心脫落之面授自己本來面目，真正摸著父母未生以前之巴鼻也。

八、《正法眼藏．法性》

這是道元於寬元元年（一二四三）孟冬在吉峰精舍冬安居時的示眾法語。道元在此卷中，闡述了佛道修行所參善知識與所讀誦經典，無不是「法性」的顯現；所謂悟道，也就是悟徹「法性」的全現無礙。

文中援用了馬祖道一的「法性三昧」話，來闡明佛祖正傳便是傳承此日常任運自在之「法性」，非文字法師所能道取，正如南嶽懷讓所示「說似一物即不中」之理也。

九、《正法眼藏．陀羅尼》

這是道元於寬元元年（一二四三）在吉峰寺的示眾法語，具體月日未記。陀羅尼（dhāraṇi）之漢譯是「總持」之語，意為令善法恆持、惡法不起。到了後代密教時，陀羅尼則成為「真言」，即「咒語」。

道元在此卷中，未從密教之意來解，而認為此為佛家之人事，即日常燒香禮拜等威儀作法；此參學問法，禮拜供養，即為佛祖眼目之正法眼藏，亦即大陀羅尼。

道元在文中論及禪家規矩以及儒家《周禮》典範等，立說恭敬禮拜而得佛法圓覺，而成佛家人事，現成轉大法輪。最後用先師天童如淨之開示語，論說了西天東土，六代祖師無不由禮拜得法，而得轉大陀羅尼門。

十、《正法眼藏．梅華》

這是道元於寬元元年（一二四三）十一月六日，在癸卯寒冬大雪中的僧堂安居時的說示。道元以「雪裡梅花」為話題，援用了天童如淨的開示，以及五祖法演（一〇二四（？）至一一〇四）以及雪峰義存法嗣太原孚的梅花詩句，來拈提如來「正法眼」，即如直下開明之梅花——如能悟徹梅花之消息，便是究徹如來之眼睛。佛經中常以青蓮花來譬喻如來清淨法眼，道元在這裡轉以寒中之梅來說示，應時應節，應天應地，頗有詩情畫意！

道元的禪風雖然枯淡冷峻，但是說法無礙；此篇以華說道，落筆灑灑，活潑潑地，甚覺幽趣盎然。

十一、《正法眼藏．十方》

這是道元於寬元元年（一二四三）十一月十三日在吉峰精舍之示眾法語。道元首先引用了《法華經．方便品》中之「十方佛土中，唯有一乘法」以及「唯我知是相，十方佛亦然」等經句，又援用了長沙景岑的「盡十方界是沙門一隻眼」等示眾法語，以及玄沙師備的「盡十方世界是一顆明珠」，乾峰和尚（生卒不詳，洞山法嗣）與一僧之問答，來論說佛土即是十方之義。

不過，道元從佛土大方無隅的意義出發，並非以「四維上下」之十方來解釋，而將「方」字作為離四句、絕百非之「一實相」來闡述。道元在文中說：

> 此十方者，入一方，入一佛，故現十方。十方（是）一方，是方自方，今方故，是眼睛方也，拳頭方也，露柱方也，燈籠方也。如是十方，佛土十方，不有大小，非淨穢。是故，十方唯佛與佛，相稱揚讚歎也。（中略）
>
> 諸佛並佛土者，非兩頭；非有情，非無情；非迷悟，非善惡無記等；非淨非穢，非成非住，非壞非空，非常非無常，非有，非無，非自。離四句，絕百非也。但是十方也，但是佛土也。是故，十方者，只是有頭無尾漢也。

道元的上段文說「十方」是以「全即」，即「全現」之全部「肯定」的「全體即是」論法來說；而下段文則以「全非」，即「無一法」之全部「否定」的論「全體即非」之論法來展開。

從文字來看，似自相矛盾，其實是在說一個理。比如說：「張三即是張三」，既是否定「張三」是「李四」，也非「趙五王六」，因唯有「張三」故，「張三」只以「張三」而獨存，不以他者而有「張三」，可謂之「絕待之有」

（唯佛與佛）；反之，既自稱「張三」，必有「張一張二」，若無「張一張二」，全無「張三」之理，此可謂「相待之無」（乃能究盡）。此謂「有頭無尾漢」，也謂「有尾無頭漢」也。

「有始無終」，言因緣法；「有終無始」，言果報法；言有諸般，其理一也，是為「諸法實相之一乘法」。這是筆者之理解，也許未必契合道元的論法，尚須日夜參究之。

十二、《正法眼藏．見佛》

這是道元於寬元元年（一二四三）十一月十九日在禪師峰山示眾說法。道元在此卷中，援用了《金剛經》、《法華經》的經文，清涼文益以及天童如淨之語錄，以及拈提保寧仁勇、趙州的語句等，來論述能見如來之相是「見諸相」與「非相」者是名「見佛」。

道元將《金剛經》中「若見諸相非相，即見如來」一句，分讀為「見諸相」與「見非相」兩層意思，這是比較特別的讀解，是道元禪思想的邏輯性思維。

道元在文中指出：

拈來如來所道之「若見諸相非相」，無參學眼之徒則謂是「見諸相非相，即見如來。」其意旨者，即謂諸相非相，見如來也。誠小量之一邊，雖可如斯參學，然佛意之道成者，不然也。當知見取諸相，見取非相者，即見如來也。有如來，有非如來。

道元的「見佛」意，是無一相不是如來相，若謂之「非相」，則是「捨父逃逝」；而因「非非相」故，非相即是諸相也。所以諸相與非相，共為如來相，見「諸相」之佛與見「非相」之佛，是為參學之真正道眼，謂之正法眼也。

十三、《正法眼藏．遍參》

這是道元於寬元元年（一二四三）十一月二十七日在越宇禪師峰下之茅庵示眾說法。所謂「遍參」，就是為了究盡佛祖之真髓而四處參訪有道尊宿。道元援用了《景德傳燈錄》所說玄沙師備參雪峰、南嶽懷讓參六祖、玄沙與一僧的問答、天童如淨初住清涼寺上堂語等古則，來闡明遍參佛道，即謂之只管打坐，身心脫落之參學。

道元開章引用了《圜悟禪師語錄》等言句，論說了遍參佛法，乃是參透本性。其文曰：

> 佛祖之大道，究盡參徹也。足下無絲去也，足下雲生也。雖然如是，花開世界起，吾常於此切也。是故，甜瓜徹蔕甜也，苦瓠連根苦也。甜甜徹蔕甜也，是皆如此參學也。

「苦瓠連根苦，甜瓜徹蔕甜；修行三大劫，卻被老僧嫌。」是仰山慧寂之法嗣無著文喜參學五臺山時，文殊菩薩所賜之偈語。說明了參學乃是參究自己之本來面目，現成如來無生法忍之究竟大道。

十四、《正法眼藏．眼睛》

這是道元於寬元元年（一二四三）十二月十七日在越州禪師峰下示眾法語。道元在此卷中，闡述了發心、修行乃至證大菩提之祖道，無非是參學成無罣礙之「金剛眼睛」。在文中援用了先師如淨在瑞巖寺、清涼寺、淨慈寺等的上堂法語來說明「達磨眼睛」與「瞿曇眼睛」之內涵；並引用了洞山參雲巖時，向師「乞眼睛」公案，來論說真正參究佛祖的行持，便是參透吞卻乾坤之「眼睛」，所謂見得如來堂奧的「眼睛之見成活計」。

十五、《正法眼藏．家常》

這也是道元於寬元元年（一二四三）十二月十七日在禪師峰下的示眾說法。道元在此卷中，援用了芙蓉道楷參投子義青及石頭希遷的法示、先師天童如淨於天童以及往昔在台州瑞巖淨土禪院與明州瑞巖寺的示眾法語，還有唐福州長慶院圓智大安、趙州從諗與一僧「喫茶去」的禪問答等，來闡明佛祖之家常，唯是喫茶喫飯而已；不過，此茶飯乃是飽參佛祖家裡的家常茶飯，續佛慧命之現成活計。

與同日所示眾之〈眼睛〉同樣，「喫飯喫茶」假借如來之鉢盂，「打眠」（睡眠）則假借如來之佛眼法眼、慧眼祖眼而打眠！祖道奇特事，別無他事，但以參透了喫茶喫飯、著衣打眠等現成活計，來保任佛祖之如實世界。

十六、《正法眼藏．龍吟》

這是道元於寬元元年（一二四三）十二月二十五日禪師峰下之示眾。所謂「龍吟」，就是拈提有名的「枯木裡龍吟」一禪語。道元在此卷中先援用了投子大同（八一九至九一四，翠微無學之法嗣）與一僧的問答語，然後回顧了香嚴智閒（？至八九八）與一僧的「枯木裡龍吟」、「髑髏裡眼睛」的禪話，以及後來石霜慶諸（八〇七至八八八）以及曹山本寂（八四〇至九〇一）與一僧之酬答，來論說佛祖之說法（獅子吼）之骨髓，無非是「枯木裡龍吟」、「骷髏裡獅吼」之自然妙用。

道元文中說「依根葉分布，稱之佛祖；本末須歸宗，即是參學。」此是援用了洞山《參同契》之句，道元以「龍吟」千曲萬曲於枯木，來開示參學佛法之無盡藏也。

十七、《正法眼藏·春秋》

這是道元於寬元二年（一二四四）甲辰在越宇山奧示眾，具體時間沒有詳細記錄。道元在文末說「逢佛事而轉佛麟經，祖師道眾角雖多，一麟足矣。」儒宗的《春秋》，又稱「麟經」，乃是指哀公出遊西方狩獵而得麒麟；道元將之以佛意解，故說轉佛「麟經」。既然是轉佛家之「麟經」，在文中道元援用了大量的祖師語句與公案，如一開章就引用了曹洞宗高祖洞山與一僧的「無寒暑」話，接著是芙蓉道楷之弟子枯木禪師淨因法成關於曹洞「五位正偏」之拈提語以及天童宏智的語錄等，還附加評判了圜悟克勤、雪竇重顯、長靈守卓、大溈佛性法泰（生卒不詳，圜悟克勤之法嗣）、湛堂文準（一〇六一至一一一五）、湖州何山佛燈守侚（生卒不詳，佛鑑慧勤〔一〇五九至一一一七〕之法嗣）之頌古評唱。

道元讚歎了高祖洞山之高標，認為諸方學人雖拈提洞山之話頭，實皆未見洞山之真道。最後勉勵學人真正參透祖宗之活眼睛、暖皮肉，莫錯會佛道之寒暑！

十八、《正法眼藏．祖師西來意》

這是道元於寬元二年（一二四四）二月四日在越宇深山裡示眾之說法；「深山裡」應是指在吉峰精舍裡。

道元在此卷中，先援用了香嚴智閑與虎頭上座所問答的一段「如人千尺懸崖上樹，口銜樹枝，腳不蹈樹，手不攀枝，樹下忽有人問：如何是祖師西來意云云」的公案，然後用藥山惟儼之「非思量」之語來論說祖意之孤絕。又援用了《雪竇頌古》以及《如淨語錄偈頌》等來闡明所謂「西來祖師意」，即為承接如來慧命。雖滿口是道，或「樹上道」，或「樹下道」，也道不盡祖師之深意；但在護身保命，翻身活命之現成道得也。

十九、《正法眼藏．優曇華》

這是道元於寬元二年（一二四四）二月十二日在吉峰寺示眾法語。「優曇華」是道元拈提釋迦文佛在靈鷲山百萬眾前，拈優曇華瞬目，摩訶迦葉破顏微笑的古則。道元以「拈華」來縱橫論說山河大地一切存在乃至生死去來等參究，無非由此如來拈華而來。

道元主張，「拈華微笑」之時節，在於「一切瞿曇，一切迦葉，一切眾生，一切我等，皆伸一隻手，同時拈華，至今而不息」；而「拈華謂弄精魂，謂弄精魂；即只管打坐，脫落身心也」，此地即「相見於佛殿，相見於僧堂」。道元的時空觀是一時即一切時，一地即一切地，誠所謂「靈山同聽，於今未散」的境界。

最後引用先師如淨之詩偈，來論說身心脫落之大悟，就是如實體得華開之消息，華落之見處也。

二十、《正法眼藏．發無上心》

這也是道元於寬元二年（一二四四）二月十四日在吉峰精舍的示眾法語（按東隆真先生的研究，此卷說於寬元元年十二月二十八日，今按本山版所示年月）。所謂「發無上心」就是「發菩提心」，也名「古佛心」。道元在此卷中，列舉了祖錄中關於「發心」的話語，認為「發無上心」是無為之功德，無作之功德。

道元以「心」來說佛道涵蓋一切法，乃至一微塵中現成大千經卷，無量諸佛。援用《法華經》、《修行本起經》等來論說發菩提心乃成一切佛種，一切有情乃至一切草木牆壁等皆因同時發心，而同時成道。

最後，道元引用《華嚴經．賢首菩薩品》中的偈頌：

菩薩於生死，最初發心時，一向求菩提，堅固不可動。彼一念功德，深廣無涯際，如來分別說，窮劫不能盡。

藉此闡述一念起信、一念發心即是開發無上道心，成就涅槃妙心。道元於此論述了「信滿成佛」、「初發心時便成正覺」的一乘法義。

正如道元在文中說道：「一發菩提心，百千萬菩提心，修證亦復如是」，乃明發心修行，乃至菩提涅槃，道環一圓相也。

二十一、《正法眼藏·發菩提心》

這也是道元於寬元二年（一二四四）二月十四日在吉峰精舍的示眾法語。道元在文章開頭先敘說了《摩訶止觀》中所說三種心，接著引用《涅槃經·卷二十八》（北本）中的經文，來闡述初發（菩提）心，就是始發「自未得度先度他」之無上道意；又援用《法華經》之〈如來壽量品偈〉，以及《大毗婆沙論》之文句，來闡發眾生應在剎那生滅的流轉之中，發無上菩提心，以實現忽而現前的如來久遠之壽量。

最後，援用《禪苑清規》中發菩提心與大悟之問答，來闡明成佛作祖，皆當發心，由發心成就三寶，由發心得以斷四魔，成就慧命。在此強調了守護菩提心、不令菩提心退轉的重要性。

二十二、《正法眼藏·如來全身》

這是道元於寬元二年（一二四四）二月十五日在吉峰精舍之示眾法語。道元在此卷中援用《法華經．法師品》中所說，論述了：在經卷所住之處起塔即是示現如來全身，因經卷即如來舍利、塔乃為實相的道理。又援用《法華經．壽量品》中的經文，闡述了以經卷之法身舍利來教化成就三千大千世界一切眾生，即是如來全身之真正活計所在。

二十三、《正法眼藏．三十七品菩提分法》

這是道元於寬元二年（一二四四）二月二十四日在越州吉峰精舍的示眾法語。所謂「三十七品菩提分法」，即是「四念住（或稱四念處）、四正斷（或稱四正勤）、四神足（或稱四如意足）、五根、五力、七等覺支、八正道（或稱八聖道）」等三十七項修行內容。道元以此三十七品為課題，以此修學，精行，成就佛祖之道業。

道元認為，此修行無有大乘與小乘之分，乃是僧業；僧有佛僧、菩薩僧、聲聞僧等，是出家兒者，皆當修行此三十七道品，以嗣承如來家業。道元於此卷中，尤其強調出家的重要性，認為在家修行不堪稱如來真子。

道元批判大宋國中有人認為在家學道與出家學道是一等無異的見解，認為皆屬魔說。道元列舉了在家人學佛者，如印度維摩詰、唐代龐居士、宋代李遵勗、楊億等，認為他們雖已經飽參佛法，猶於佛道未能究竟，因尚未有吃佛祖粥飯之鉢盂在。道元在文中說：「雖為破戒無戒之比丘，雖謂無法無慧，然優於在家有智之持戒者。」由此可見，道元認為出家修行三十七道品，方可稱為正佛種與正道業。

在文中援用了《法華經》、《維摩詰經》、《大寶積經》以及《宏智廣錄》等祖錄，拈出了六祖、永嘉玄覺、南泉普願、藥山惟儼、天童如淨等祖師話語，來說明僧家所修三十七品菩提分法，是佛祖之眼睛鼻孔、皮肉骨髓、手足面目，必須參究明白，須坐斷，須脫落！

值得注意的是，道元自到越州深山幽谷之後，對中國宋代禪（尤其是臨濟宗大慧派），尤其是對三教一致說等的批判，日漸猛烈，語詞犀利，極力堅持徹底出家主義的路線。

二十四、《正法眼藏·三昧王三昧》

這是道元於寬元二年（一二四四）二月二十五日在吉峰精舍的示眾說法。道元在此卷中所說「（三昧）王三昧」是指結跏趺坐、身心脫落、只管打坐的宗旨。道元引用了《大智度論·卷七》中「三昧王三昧者，一切諸三昧皆入其中，故名三昧王三昧」之文句，並援用了如淨禪師之語，來闡明：只有端身直心結跏趺坐，才是證入三昧王三昧之正途；此乃自七佛以來、釋迦如來以來，歷代西天東土祖師所行正法。

道元在文章結尾說：「一生萬生，把尾收頭，不離叢林，晝夜只管結跏趺坐而無他務，此即是三昧王三昧也。」道元所主張的「只管打坐」的宗旨，是發心修行菩提涅槃的全體佛法，是身心一如之修證。

二十五、《正法眼藏．轉法輪》

這是道元於寬元二年（一二四四）二月二十七日在吉峰精舍的示眾法語，道元特別列舉了大宋國僧家特別重視、卻被疑為偽經的《首楞嚴經》。在上文已經言及，在《寶慶記》中，道元曾經問過如淨關於此經真偽的問題；不過，道元在此〈轉法輪〉卷中，筆鋒一轉，認為經即便是偽作，但若為佛祖所轉舉，也就成為值得尊重的真正佛經與祖經。

在文中，道元拈提天童如淨、五祖法演、佛性泰、圜悟勤等話語，來說明《楞嚴經．卷九》中「汝等一人發真歸元，此十方虛空皆消殞」一句，當足以尊之為佛祖骨髓、佛祖眼睛，佛之法輪、佛之正法眼藏。道元所重視的是正師所轉之法輪，而非法輪能轉物；所以，哪怕是瓦礫、草木、優曇華、金襴衣，但為佛祖所拈來，即是大法輪，何況是偽經或是真經？但須功夫參究，一生不離叢林，坐禪精進，則為轉法輪者也。

寬元二年二月，道元在吉峰精舍開示，同時已經開始營建大佛寺（永平寺前身），因在此文中，道元以「大佛」自稱，故可確證無誤。

二十六、《正法眼藏．自證三昧》

這是道元於寬元二年（一二四四）二月二十九日在吉峰精舍的示眾法語。在此卷中，道元盛讚徑山大慧宗杲在南宋紹興年間曾參學過的尊宿們，如曹洞宗洞山道微（生卒不詳，芙蓉道楷法嗣）、以及黃龍宗湛堂文準（一〇六一至一一一五）、真淨克文、楊岐宗圜悟克勤等，卻對大慧宗杲本人大有微詞，認為大慧「無有佛祖之骨髓」，「尚未參究佛法之大道」而「亂作大剎之主」。

道元對大慧禪以及大慧門下弟子的批判，隨處可見，但是此文尤為激烈。

道元所主張的「自證三昧」，就是「稽古」，即尊重參學嗣承洞山以來之法孫。「自證三昧」一語，似為道元自造之語；文中道元有引用過宗杲對文準的「本具正法眼藏自證自悟」之語；恐是以此發論而成。宗杲曾著語錄，名之《正法眼藏》；道元批判宗杲甚是辛辣，卻也以《正法眼藏》作為自己語錄之書名。由此思來，道元與宗杲，似怨似讎，實有些難解難分的因緣在。

二十七、《正法眼藏．大修行》

這是道元在卷末記錄為「爾時寬元二年甲辰三月九日在越宇吉峰古精舍示眾」的開示。道元拈提了有名的一則禪宗公案，即百丈「野狐身」話，來論述佛家因果論，即「不落因果」與「不昧因果」之參學要諦。

道元在此卷中縱橫自如地評唱百丈與黃檗關於「不落」和「不昧」之野狐

身因果的古則；但是，道元對二老尊宿之語猶有所批評。如道元在文章最後評論道：「百丈道處通方，雖然未出野狐窟；黃檗腳跟點地，雖然猶滯蝳蝍徑。與掌拍手，一有二無，赤鬚胡，胡鬚赤。」道元所主張的大修行，是脫落身心之佛祖現成；若到此地步，當既無有赤鬚之胡，更無有胡鬚之赤。道元的評唱不太容易覷破，須橫呑羅漢豎吐佛，方始理會得少許耳。

如上是道元在四十四歲離開山城，即於寬元元年（一二四三）七月入越到吉峰寺後，至寬元二年（一二四四）三月，大約八、九個月之間的說法。時間雖然不到一年，但是期間的示眾法語頗為重要。縱觀道元五十四年生涯所形成的禪思想，此間的說示頗具轉折點的內涵，是《正法眼藏》極為厚重的組成部分。

大佛寺

道元在大佛寺期間之說法，載入《正法眼藏》裡的大概有五卷，茲概述如下——

一、《正法眼藏・虛空》

這是道元於寬元三年（一二四五）乙巳三月六日在大佛寺的示眾法語。道元在此卷中所闡述的「虛空」，並不單說佛教「處」或「界」的空間方所概念，而且還包含有「現」和「今」的當下之時間概念，這是道元禪法極具哲學性的思維方法。不僅如此詮釋，而且將「虛空」與「佛祖講經」與「成佛作祖」等概念與內容相連接起來。

當然，這種閃電式的「虛空」說法，是道元從本卷中援用之唐代撫州石鞏慧藏與西堂智藏的「解捉虛空」公案、天童如淨「渾身似口掛虛空」之禪語，以及洪州西山亮座主參問馬祖道一「講什麼經」的問答、印度婆修盤頭（或稱婆須蜜）「示虛空法」之偈、趙州從諗「使得十二時」的話語中得到啟發，而外延的語言表達。道元將如此之「虛空」義，解釋為「且為正法眼藏涅槃妙心之參究耳」。

二、《正法眼藏·鉢盂》

這是道元於寬元三年（一二四五）三月十二日在大佛寺的示眾法語。眾所周知，「鉢盂」是僧家所用之食器，也稱為「應量器」，為印度僧人日中一食、托鉢行乞之必需物。不過，道元在卷中又將之引伸為佛佛祖祖正傳之正法眼藏涅槃妙心，並將參學佛道比作鉢盂，謂鉢盂為「佛祖之眼睛」和「佛祖之光明」、「佛祖之真實體」等，即將鉢盂當作涵蓋合成全部佛法的道器。

文中援用先師如淨在入住天童時的上堂語「淨慈鉢盂，移過天童喫飯」的話頭，來展開佛家的所持法，有佛袈裟，有佛鉢盂，雖是器物，更不可全以物視之，乃是如來正法之根本義。道元在文章最後總結道：

而今諸方傳持佛之正法眼藏之佛祖所傳之鉢盂，是透脫古今底鉢盂也。是故，而今此鉢盂者，能覷破鐵漢之舊見，不被木橛之商量所拘牽；能超越瓦礫之身色，不被石玉之活計所罣礙。切莫謂磚瓦，切莫言木橛，當如是承當。

可見，道元對佛家所用一事一物，皆舉揚為全體之妙用。道元的禪思想是提倡全身心的行持，綿密無隙，如金針走銀線，盡現錦繡。

三、《正法眼藏．安居》

這是道元於寬元三年（一二四五）夏安居六月十三日在大佛寺示眾說法。在此卷中，道元詳述了佛家夏安居，即是在夏期於僧堂九旬日之修行生活之意義，以及具體的禮儀作法等內容。文中引用天童如淨的結夏小參語、黃龍死心之法語，來論說九十日一夏安居，非但是免費喫佛飯九十天，非時量可拘，而是見佛見祖之參究。道元風趣地說：「是故，結夏之相似於公案現成來，解夏之相似於羅籠打破去。」雖有「結」、「解」，唯在超越時空，坐斷前後，打破窟窠。

道元並舉揚釋尊昔時在摩竭陀國於僧眾禁足安居坐夏九旬的故事，以及援用了《禪苑清規》，詳細述說了三月中掛搭、四月一日鎖門、四月三日至五日則依照並理會關於戒臘榜上所記諸作法，四月八日佛誕會、四月十四日土地堂念誦、四月十五日人事行禮、七月十三日眾寮前點諷經等安居事項與要領。

道元又引用釋尊、文殊師利菩薩、摩訶迦葉、圜悟禪師等教示來闡明，知得安居法者，方可稱唯佛祖屋裡人，是佛祖身心，是佛祖眼睛，是佛祖命根，是佛祖之兒孫。如此安居者，謹守佛訓，真實為住持佛法僧寶之法器也。

四、《正法眼藏．他心通》

這是道元於寬元三年（一二四五）七月四日在大佛寺的示眾說法。道元仁治二年（一二四一）十一月十六日在京都深草觀音導利院曾講過《正法眼藏．

神通》一卷。在此卷中，道元特舉五通或六通之一的「他心通」來展開論述。

在文中，道元列舉了唐代慧忠國師與西天大耳三藏的問答，以及趙州與一僧和玄沙與一僧、還有仰山與一僧就此古則的酬答語、宋代海會寺白雲守端（一〇二五至一〇七二）的開示語、雪竇重顯的評唱等，來論究他心通之證得者，猶是凡夫或小乘學者，甚至是外道；必須再起正念，發大乘道心，學習佛法，證得佛果。道元認為，趙州、玄沙、仰山、海會、雪竇五位尊宿的三度論說都未能覷破古佛慧忠之真見地，因為悉將語句問著故也。道元在文末饒有風趣地說道：

前來之箇箇，所云全非國師之本意，不合佛法之宗旨。可哀！前後之老古錐，各箇蹉過！而今佛法之中，若言有他心通，則應有他身通，應有他拳通，應有他眼睛通。既恁麼，則當有自心通，當有自身通。既如是，自心自拈，當是自心通也。如此道取現成，則自心之為他心通也。且當問著：拈他心通也是？拈自心通也是？速道！速道！是則且置，汝得吾髓，是他心通也。

上面一段道元的開示，充分體現了他對佛法修證的自信。道元用了自己的造語「他身通」、「他拳通」、「他眼睛通」、「自心通」、「自身通」等比較特殊的表達，來一掃往昔諸尊宿就事論事的話語；當然，道元非是薄古，乃是當下更作拈提，再下一轉語而已！有立有破，立、破一時勘破了，立、破悉皆粉碎銷殞，語句起解之黑漆桶裡的擔板漢，便不值一文大光錢。

五、《正法眼藏．王索仙陀婆》

這是道元於寬元三年（一二四五）十月二十三日在大佛寺的示眾法語。所謂「仙陀婆」或言「先陀婆」是梵語 saindhava 的音譯，意為石鹽等。道元在文中引用《大般涅槃經．卷九．如來性品》中之經文，即：

先陀婆者，一名四實。一者鹽，二者器，三者水，四者馬。如是四物，共同一名。有智之臣善知此名。若王洗時，索仙陀婆即便奉水；若王食時，索仙陀婆即便奉鹽；若王食已，欲飲漿時，索仙陀婆即便奉器；若王欲遊，索仙陀婆即便奉馬。

不過，道元在此卷中，並非想解說經文，而是意在拈提唐代一僧問趙州的「王索仙陀婆時如何？趙州曲躬叉手」的古則公案。道元從天童宏智古佛的語錄中對此公案雪竇重顯的頌古之評唱切入，來披露宏智正覺的卓見。

道元在如淨會下參學時，常聽如淨盛讚宏智為「古佛」，因此對宏智五體投地般地崇仰。文中提到大宋國中，將宏智與大慧宗杲並稱禪門泰斗，道元則提出異議，認為宗杲不堪與宏智並論，乃宋國道俗淺學，沒有見識。此卷中又對大慧甚有微詞，可見，道元不是歷史學家，而是宗教家，難免還存有宗派門戶之見。當然，通過宏智之頌古，道元更發揮自己對此古則的詮釋與評論。

道元又舉「南泉與鄧隱峰」的酬唱語以及香嚴智閒（閑）與一僧的問答語，來點明古則之要諦。最後，又援用《雪竇頌古》再舉「仙陀婆話」，從「索與奉」的關係中，來說明王臣、主客之常理，或師弟之間傳道解惑之深意。在文末道元認為，當時的大宋國諸山長老，都夢也未見仙陀婆，深嘆祖道凌夷！

道元自入越之後，日益自許自己是「西來祖道我傳東」的佛法真正傳承者，對宋國當時的禪門甚有非議。道元的這種言論，可以看出道元對唐代禪風比較崇尚，而對宋代五山十剎為中心的國家主義佛教深有哀嘆，以及對宋代禪門尤其盛極一時的大慧禪，尤為不滿。

道元舉「王索仙陀婆」之古則，既言此仙陀婆「一名四物」之意，又說「當索拳頭，奉拳頭；當索拂子，奉拂子」之禪義，藉此說明，參學佛法重在自己苦學，以嗣承佛祖命脈，此則佛門宗旨之機要也。

道元在住持大佛寺期間，有如上五卷重要的說法，充分體現了道元孤絕枯淡的禪風。其中有多處批評宋代禪的內容，也反映出道元對佛法的獨特見地。道元有尚古之風，更具創新之志，曹洞宗在扶桑能如風偃草，大盛於後世，與道元這種氣概及遺風有很大的關係。

永平寺

《正法眼藏》中記載，道元在永平寺的著述並不是很多，略述如下——

一、《正法眼藏．三時業》

道元在此卷中，將善惡三時之業，即順現報受、順次生受、順後次受作了闡述。文中先引用了印度鳩摩羅多與闍夜多的問答，並援用《大毗婆沙論．卷一百十四》中的典故來加以說示三世因果應報的道理，亦援用了《增一阿含經．卷四十六》中提婆達多破和合僧、出佛身血、殺阿羅漢，犯重罪而生墮阿鼻地獄等典故；又援用《大乘義章．卷七》所說五種無間業，來論說三時因果不昧的佛理。最後，引用了皓月與長沙景岑關於業報的問答語，然後援用世尊的教示，闡述了學人參究佛法必須通學參透三時業、不定業、八種業，而欲滅罪清淨，必須懺悔業障的修行要旨。

道元在此卷中，闡述了世尊的說法，就如同四種調馬之法那樣，來教化一切眾生。

二、《正法眼藏．四馬》

道元援用了《景德傳燈錄》中世尊與一外道的問答，來說明世尊有聖默與聖說兩種施設（方法）來調御及教化眾生。又援用《大智度論》中龍樹的「為人說句，如快馬見鞭影，即入正路」的言教，來說明教化之妙用。又引用《雜阿含經．卷三十三》等經證說明其中四種不同根器的馬，藉以指出，世尊雖一音演說法，而眾生隨類各解，各獻諸態。最後引用北本《大般涅槃經．卷十八．梵行品》中所說調馬有觸毛、觸皮、觸肉、觸骨四種方法，如來調伏眾生亦如調馬有四種，即說生老病死四諦法，而引導眾生證入無上菩提。如來世尊因此有十號之一的「調御丈夫」之聖號。

三、《正法眼藏．出家功德》

道元於此卷中，力陳出家價值之重要、功德之殊勝。他援用了龍樹的教示，來說明出家法之尊崇，出家受戒終能得道。又援用《大智度論．卷十三》中釋迦佛剃度一醉酒婆羅門的故事，闡述了出家功德無量；白衣雖有五戒，不如出家比丘甚遠。還引用了《賢愚因緣經》、《法華經》、《大毗婆沙論》、《悲華經》、《大集經》、北本《涅槃經》、《大般若經》、《佛本行集經》，以及《景德傳燈錄》等語錄，來闡明出家之重要意義所在。又列舉了優婆毱多、僧伽難提、唐代宗、唐肅宗、六祖惠能（盧居士）、龐居士等事例，來說示出家遠勝在家學佛的道理。並在文中評說了南嶽懷讓、盤山寶積、臨濟義玄的法語，加之引用北本《涅槃經．卷三十三．迦葉菩薩品》以及《起世因本經．卷

四．地獄品》等來闡明人身難得，能在佛道中行出家之法，更是難值難遇的功德勝事。

道元認為，唯有出家，方能建樹三世諸佛之正法。並依據《四分律》說四種出家，以及列舉羅睺羅尊者、菩提達磨等不惜尊位而出家的事蹟。最後引用《禪苑清規》第一「受戒」的文句，來論述出家受戒參禪問道的重要價值及其意義。道元在結尾說道：

是故，「三世諸佛，皆曰出家成道」者，是正傳也，是最尊也，更不可有不出家之三世諸佛也。此是佛佛祖祖正傳之正法眼藏、涅槃妙心、無上菩提也！

由此可見，道元是徹底的出家主義者，出家甚至遠超維摩詰、龐居士等在家居士。道元對在家佛教的觀點比較特別，他認為，傳承佛祖正法，只有出家；因為，從來就不曾有過沒有出家的佛祖。

道元在寬元四年（一二四六）年有〈出家〉一卷，與此卷堪稱姊妹篇。

四、《正法眼藏．供養諸佛》

道元在此卷中，首先引用《大毗婆沙論．卷七十六》中之偈頌，來說明因曾供養過去諸佛，所以有今世出家受戒之因緣。又引用《佛本行集經》、《佛藏經》、《俱舍論》、北本《涅槃經》、《法華經》等經論，來闡述盡命盡心禮拜供養諸佛之功德利益。復以石頭希遷以及龍樹菩薩等之教說，以及《大乘義章》中所說十種供養、南嶽慧思的《法華三昧懺儀》供養懺文、《摩訶僧祇律》中所說六種供養等內容加以論究。最後，列舉令韶禪師陪侍曹溪塔頭多年，盧行者在黃梅晝夜不停舂米供眾的勝事，力說應如是如法至誠供養，方為佛祖之兒孫。

道元所提倡的「孝順心」，也就是此卷中所說「供養心」。道元認為，只有身心供養佛法僧，方可傳承如來正法。

五、《正法眼藏·歸依三寶》

道元於此卷中，首先引用《禪苑清規》第一百二十問第一的「敬佛法僧否？」而漸漸展開關於歸依佛法僧三寶的不可思議之功德利益。文中援用了《大乘義章》卷十、《法華經》〈如來壽量品〉、《俱舍論》卷十四、《大智度論》、《稀有經》、《增一阿含經》卷二十四、《大集經》卷四十四、北本《涅槃經》卷三十四、《法句譬喻經》卷一、《未曾有經》卷五等經論，來講述歸依三寶的意義，以及「住持、化儀、理體、一體」等四種三寶之內容與思想。

道元在文中闡述，佛子只有禮敬、勸請三寶，方可行持佛法。此歸依三寶，乃諸佛之古儀，是破天魔外道之聖法與儀軌，佛子若能至心歸依三寶，積功累德，不可計量。

六、《正法眼藏·深信因果》

道元於此卷中主張，學人發菩提心，必須深明因果。道元援用了《天聖廣燈錄・卷八》所載的百丈懷海的「野狐身」話，來說明因果之不昧。又援用了鳩摩羅多、龍樹、永嘉玄覺、宏智正覺等的話語，來進一步闡明佛法之因果法則。文中批判了當時宋朝的參禪者，說他們之愚昧，即是不知「不落因果」的邪見之說。更舉楊岐派圜悟克勤以及弟子大慧宗杲的偈頌，批判兩人對因果的解說，認為圜悟是有撥無因果之趣，更有常見之旨；而大慧之見解尚不及佛法施權之旨，略有自然外道之趣！

道元對宋代臨濟宗多以同自然外道之見加以批駁，因果之法甚深，「不落因果」與「不昧因果」之解釋，宋朝禪人也有諸般說法。道元對臨濟宗、尤其是對大慧禪的批判，比較嚴厲，到了晚年更見猛烈。前面對此問題已有所論及，就此打住。

七、《正法眼藏．四禪比丘》

道元於此卷中，開門見山地援用《大智度論．卷十七》中所記，說佛弟子中有一得第四禪的比丘，因生增上慢，自謂已得四果，乃至生邪見，謗佛涅槃大法，故命終墮落無間地獄之報。在文中，道元批判了宋代嘉泰中有一個名喚雷庵正受（一一四六至一二〇八）的雲門宗僧人，編著《普燈錄》三十卷，於一二〇四年進獻朝廷，援用天台山外派名僧孤山智圓（九七六至一〇二二）之語，宣揚佛教與孔老二教如鼎足為三，缺一不可的言說。道元認為，宋朝多有執此三教一致邪說之輩，是則為謗佛、謗法、謗僧之謬論！並說《六祖壇經》中「見性」之語，非曹溪之言句，是偽書，實非正傳之經典。

道元自小出家，在日本一向尊崇佛法，文化背景與中國古代崇尚孔老的傳統不同；因此，道元對宋人所說三教一致思想甚為反感。唐宋以來，儒釋道三教如鼎足之勢之說，無疑是司空見慣之理論。道元的宗教觀中，雖然不能說他反對孔老思想，但他抱持佛法獨尊的思想，是毫無疑問的；尤其對臨濟宗僧人所主張的「見性」思想，更是明確表示反對。

道元的禪思想，有著濃厚的天台本覺思想；不過，道元注重有修有證，主張修證一貫如環，這與當時宋僧的觀點顯然相異。他並援用荊溪湛然（七一一至七八二）所著之《止觀輔行傳弘決》，以及《大智度論》、《摩訶止觀》、《論語》、《莊子》等內外經典，來論證佛教之殊勝遠超孔老之說，抨擊宋朝持有三教一致者，皆為愚昧狂言、大邪之見。

其實，筆者以為，道元的禪法如開真金鋪，教人向上直趣佛正覺；而宋人諸師主張三教一致，如開雜貨店，下化社會大眾證得無上正覺，亦得度化一切眾生。話有兩端，殊途同歸。

八、《正法眼藏·唯佛與佛》

道元於此卷中，引用《法華經》卷一所說「十如是」中有「唯佛與佛，乃能究竟」之語，來展開論說。在〈諸法實相〉也有如是講述。

這句話有兩個意思：（一）是謂佛之悟境界，因位菩薩等不可知。（二）唯獨果佛（覺佛果之佛）與因佛（即將證悟究竟之菩薩）能知，而二乘與凡夫俱不知其悟境。「唯佛與佛」一句，到了唐代密宗梵僧善無畏說《大日經疏》轉用，將「唯佛」專指大日如來，「與佛」則指十九執金剛等曼荼羅諸尊。

當然，《法華經》所說「唯佛」是指釋迦佛，而「與佛」是泛指其他佛。不過，道元的解釋法，是以禪家的見地來展開的。道元認為，佛的本來面目即是「不染汙」，是「盡大地是自己之法身」，道元的論述是，「道不在知不知」而在於與今之學人（以及大地眾生）與古佛同時發心時，我等即與佛同悟同行。道元的著意處，在於發菩提心，力行佛行，而不論究與三世諸佛之境界之隔絕。

文中援用《黃龍死心禪師語錄》以及古佛宏智《宏智頌古》以及石門慧洪覺範（一〇七一至一一二八）《石門林間錄》等文句，來說明全露法王身之身心學佛的要義。最後，用了「魚知魚心」與「鳥識鳥跡」之譬喻，來論說能知所知之「心」，在於究明同一佛心與其「足跡」，顯得十分生動有趣。

九、《正法眼藏．生死》

這是道元一篇極為短小的說示。其中引用了大梅法常（七五二至八三九）的兩位弟子定山、夾山二古德之言句，來闡述生死即涅槃的道理。道元論述了，學人若到了無生死可厭、無涅槃可願時，方為脫離生死之時節。佛乃是內外無所執著之覺者，無生死之心；成佛之路，即是捨離生死的心行所滅之不思議境界。

十、《正法眼藏．道心》

道元於此卷中，闡明了欲明徹佛法真諦，必須首先要有道心。所謂道心，就是為法不惜身命，求無上正覺的菩提心。然後，道元論述了恭敬佛法僧三寶的重要性，以及造佛和修造佛的三種供養，即草座、石蜜漿、燃燈。又論說了須受持《法華經》，或書寫，或印刷，或頂戴、禮拜、供養華、供養香、明燈、飲食、衣服等，常以清淨頭頂禮拜、受持，並常搭袈裟坐禪。

道元的道心，既是理念上的發心發願，更注重在日常行為，即威儀作法上善用功夫。

十一、《正法眼藏・受戒》

道元於此卷中，首先援用了《禪苑清規・卷一・受戒》的內容，講述參禪辦道當以戒律為先，離過防非，嚴淨毗尼；受持佛戒者，方能成就佛道的戒學思想。接下來講述了歸依三寶戒、三聚淨戒、十重禁戒，合為十六支戒菩薩戒的內容以及授受儀軌。道元認為，受持如上戒法，方可承嗣佛祖正法。道元舉出了石頭希遷的法嗣丹霞天然（？至八二四）以及藥山惟儼的弟子高沙彌可以不受比丘戒，但必須受持如上十六條菩薩戒。

道元是單受了比叡山的《梵網經》菩薩戒，在宋時因此遇上了在天童安居必須稟受過比丘戒的問題，此已在上文言及，不再贅述。

十二、《正法眼藏．一百八法明門》

道元在此卷中，援用了《佛本行集經．卷六．上託兜率天品》的經文，講述了關於對治一百零八煩惱所必須修持的一百零八種法明門的重要意義。道元在此卷中一開頭就引用了大段經文，然後說明，此一百八法明門，是一切一生補處菩薩（即彌勒菩薩）在都史多天（兜率天）下生閻浮提時，當眾宣說的重要法門，故為諸佛之常法。

貳・道元圓寂後的曹洞宗的發展

他將大佛寺改為「永平寺」，也就是宣布：世間的正法在吉祥山裡，就猶如東震由漢明帝永平年間傳來佛法一般。

日本曹洞宗初祖的確立

至少在道元的時代，不存在「日本曹洞宗」的稱號。當然，道元也不曾想過，自己會成為日本曹洞宗的開山祖師，道元甚至連「禪宗」這一稱謂都從不掛在嘴上。

從道元的言行錄來看，他把「坐禪」這一法門，作為全體的佛法，即正傳的佛法。道元初從宋歸來時自稱「入宋傳法沙門道元」；到了晚年開創越前永平寺後，則自稱為「永平寺開闢沙門希玄」等，「希玄」是道元的法號。至於道元為什麼不自稱是「傳禪沙門」，若研究之，無論是從佛教史或是就佛教思想史而論，都實在是大有文章可做；不過，在此就不加以展開了。

道元把自己的著述題為《正法眼藏》，是因為大宋朝有一臨濟宗大禪師大慧宗杲也著有語錄《正法眼藏》三卷。道元對大慧的言論以及禪法是持批判態度的；當然，對當時宋朝的國家壟斷性宗教，即所謂「五山十剎」的官寺制度，也不抱有好感。道元的著作中，尤其是四十四歲入越以後，直接批判宋朝佛教界乃至禪林中所流行的「三教一致」的觀點，甚至對宋朝所流行的在家居士佛教，也評價甚低，嚴格提倡「出家主義」與謳歌出家人所穿著的「袈裟功德」。在道元看來，佛法至上，出家無上，山居最上。因此，對大乘佛教中所提倡的人間主義為中心的佛教思潮是抱著不屑一顧的態度；甚至對宋人最推崇的《圓覺經》、《楞嚴經》、《六祖壇經》等經典，都認為是違背佛說的後世偽作偽托的典籍。

道元畢生最尊崇的聖典，無疑非《法華經》莫屬。而道元所推崇乃至稱頌的中國禪宗祖師，如六祖惠能、大梅法常、藥山惟儼、洞山良价、芙蓉道楷、宏智正覺、天童如淨等所謂「古佛」級的人物，都是符合道元理想中的對象。尤其對如淨的崇拜可謂是最高最上，稱之為「佛法之總府」。道元極力主張從如淨那裡傳得的「嫡嫡相承的正法」，而忌諱稱之為「禪宗」。由此可以看出，道元對全體佛法的認識以及對同時代佛教的取捨態度，他堅持佛法不限於臨濟、曹洞等諸宗派的觀點。

在現在日本學界中，有主張道元禪是具有唐代禪宗特色的學者；當然，由此可以突出道元孤絕超然的性格與憤世嫉俗的形象。但是，筆者以為，道元其實是要對時間觀念上以及地理觀念上的史傳佛教，以及名相理論上的小乘、大乘、一乘，乃至世間成立的所有宗派思想等，皆欲重新賦予全體性的整合與詮釋；這個整合過的佛教，就是道元所主張之正師瀉瓶「正傳之佛法」的全部內容。當然，這是涵蓋了從釋迦到龍樹乃至達磨到六祖、到洞山、到如淨，最後由道元相承的嫡傳佛法。

因此，從這個意義上來說，道元所闡發之對舊有佛教的諸種否定說，正是他欲宣明由他最初開啟之「修證一如」的新佛教思想。他將大佛寺改為「永平寺」，也就是宣布：世間的正法在吉祥山裡，就猶如東震由漢明帝永平年間傳來佛法一般。當然，道元並非是一個前衛派禪者，而是一個很「尚古」或者說是十分「慕古」的沙門；不過，他所追慕的「古佛」是非常有局限性的。

另外，從道元的原始僧團來看，道元門下的俊彥大多來自日本達磨宗；而且，如義介、義演等骨幹人物，並沒有因跟隨了道元而捨棄達磨宗的血脈與傳承。因此，雖然原也屬達磨宗的永平第二代懷奘一直致力於調和融會宗派問題上的分歧，後來還是有了義介（永平第三代）、義演（永平第四代）的世代所引起之所謂日本曹洞宗史上自文永四年（一二六七）起始相續近五十年間的「三代相論」之宗門對立局面，由此而導致永平寺內之疲弊與衰落。

到了正和三年（一三一四）十月，義演圓寂之後，後任為寂圓的弟子義雲，即寶慶寺派下的僧人接任住持後，方有所平息。原始僧團，自弘安十年

（一二八七）義介率領眾多弟子離開永平寺、往加賀（今石川縣金澤市）開創大乘寺，以及正和元年（一三一二）其弟子紹瑾開創洞谷山永光寺以後，開闢了自己的布教區域起，道元門下之法系就此而形成了「大乘」與「永平」兩個系統。

到了瑩山紹瑾的時代，住持永光寺的紹瑾，在寺內建立五老峰（五老即如淨、道元、懷奘、義介、紹瑾）以及傳燈院，將各大和尚之遺物等，包括達磨宗的法卷，一起埋葬在五老峰下。傳燈院內供奉如淨、道元、懷奘、義介之尊像；由此，以如淨為開祖的日本曹洞宗示現於世。

到了元亨元年（一三二一），後醍醐天皇敕封永光寺為「曹洞宗出世道場」的詔令後，日本曹洞宗之稱號正式公認於世。當然，此時的日本曹洞宗初祖是天童如淨，道元被尊為初祖是後來的事情。而永光寺也享有「小天童山」的美譽。

後來，瑩山紹瑾於元亨元年又開創能登（今石川縣輪島市）諸嶽山總持寺

（到了明治四十四年（一九一一），總持寺遷移到關東橫濱市鶴見，則將能登的總持寺改稱為祖院）。紹瑾努力弘揚曹洞宗，門下有高足峨山韶碩（一二七五至一三六六）、明峰素哲（一二七七至一三五〇）等，峨山繼席為總持寺第二代，明峰繼席大乘寺以及永光寺第二代，宗勢得以大盛。尤其是峨山門下出現了通幻寂靈、太源宗真、無端祖環、大徹宗令、實峰良秀等五哲，並合其他二十名高徒並稱「峨山二十五哲」，可謂滿堂龍象。又開始實行「輪住制」（就是門下弟子輪流定期擔任住持的制度），曹洞宗風由此大興於世。而明峰素哲門下有入元留學歸來的詩僧祇陀大智，則在九州肥後（今熊本縣）地區開闢道場，傳法布道。

道元禪風的繼承

前文言及，道元圓寂後，尤其到了永平第三代義介以及第四代義演時的寺內糾紛，以及到了紹瑾時代以後的宗門盛況。永平寺自第五代義雲起，約四百年間，皆由寂圓門下的寶慶寺派僧侶擔任歷代住持，薦福山寶慶寺因而有「日本曹洞第二道場」之稱，獲得了永平寺總門首的崇高寺格。

另一方面，在紹瑾的兩大弟子峨山與明峰的努力下，日本曹洞宗迎來了全盛時期。尤其是峨山派下出現二十五名高徒，將宗風傳播到了日本各地。

此外，還有九州地區的「法皇派」寒巖義尹一支，在肥後（今熊本縣）綠川大渡開創大慈寺。義尹是大智的剃度師，曾兩度入宋求法，其事蹟前文已有所論及，於此不予詳細述說。

日本曹洞宗的傳播與發展

綜上所述，道元以後，曹洞宗經數代的奮鬥，一躍成為日本禪宗中最為強大的宗派。現在的日本曹洞宗，尊奉道元為高祖承陽大師，紹瑾為太祖常濟大師，中間供奉本師釋迦牟尼佛，合上二祖，形成了日本曹洞宗之「一佛二祖」的三尊佛祖信仰。

現在日本曹洞宗擁有國內寺院一萬四千四百八十六座，海外寺院則有美國夏威夷總部所轄寺院十座、北美洲總部所轄寺院五十三座、南美洲總部所轄寺院十五座、歐洲總部所轄寺院五十一座，其他國家地區則為四座。僧侶總人數目前有二萬三千三百八十二人（二〇二〇年六月為止統計）。日本曹洞宗信徒，在世界約有八百萬人左右（實數難以統計）。

一、兩大本山與地方專門僧堂

日本曹洞宗的兩大本山是福井縣的永平寺與橫濱市的總持寺；兩大本山的住持，尊稱為禪師。本山內設有大本山特別僧堂，供全國乃至全世界曹洞宗雲水僧冬夏兩季安居修行。另外，全國設有開單的專門僧堂二十五所以及比丘尼專門僧堂兩所，具體示之如下：

大本山永平寺別院長谷寺專門僧堂（東京都港區）

大本山總持寺祖院專門僧堂（石川縣輪島市）

最乘寺專門僧堂（神奈川縣南足柄市）

西有寺專門僧堂（橫濱市中區）

可睡齋專門僧堂（靜岡縣袋井市）

日泰寺專門僧堂（名古屋市千種區）

妙嚴寺專門僧堂（愛知縣豐川市）

興聖寺專門僧堂（京都府宇治市）

智源寺專門僧堂（京都府宮津市）

洞松寺專門僧堂　宗立專門僧堂（岡山縣小田郡）

瑞應寺專門僧堂（愛媛縣新居濱市）

明光寺專門僧堂（福岡市博多區）

安國寺專門僧堂（福岡市中央區）
皓臺寺專門僧堂（長崎市寺町）
長國寺專門僧堂（長野縣長野市）
寶慶寺專門僧堂（福井縣大野市）
御誕生寺專門僧堂（福井縣越前市）
發心寺專門僧堂（福井縣小濱市）
大乘寺專門僧堂（石川縣金澤市）
大榮寺專門僧堂（新潟縣新潟市江南區）
好國寺專門僧堂（福島縣福島市）
正法寺專門僧堂（岩手縣奧州市水澤區）
善寶寺專門僧堂（山形縣鶴岡市）
中央寺專門僧堂（札幌市中央區）
定光寺專門僧堂（北海道釧路市）

另外有比丘尼專門僧堂兩寺，即為：

特別尼僧堂愛知專門尼僧堂（名古屋市千種區）

富山專門尼僧堂（富山縣富山市）

二、宗門的教育機構

日本曹洞宗設有大學、短期大學、高等學校（高中）、中學等教育機構。大學有著名的駒澤大學（東京都）、駒澤女子大學（東京都）、愛知學院大學（愛知縣日進市）、東北福祉大學（宮城縣仙臺市）、鶴見大學（橫濱市）。短期大學有愛知學院大學短期大學部與愛知學院大學齒科技工專門學校（名古屋市千種區），以及鶴見大學短期大學部和駒澤女子大學短期大學。

高中與中學有駒澤大學高等學校（東京都）、駒澤大學附屬苫小牧高等學校（北海道苫小牧市）、駒澤學園女子高等學校、駒澤學園女子中學校、愛知高等學校、愛知中學校（名古屋市千種區）、世田谷學園高等學校、世田谷學園中學校（東京都）、鶴見大學附屬高等學校、鶴見大學附屬中學校等。

另外，曹洞宗還設有眾多幼稚園（幼兒園）和保育園（托兒所）等幼兒教育機構，於此不一一列出。此外，在東京都港區的曹洞宗宗務廳內，還設有一座曹洞宗總合研究中心。

三、宗門的行政機構

曹洞宗的行政機構呈金字塔狀，最高的是設在東京的總部曹洞宗宗務廳，全國各都府道縣設有九個管區，分別為：

(一)關東管區，下設東京都、神奈川縣第一、神奈川縣第二、埼玉縣第一、埼玉縣第二、群馬縣、栃木縣、茨城縣、千葉縣以及山梨縣宗務所。

(二)東海管區，下設靜岡縣第一、靜岡縣第二、靜岡縣第三、靜岡縣第四、愛知縣第一、愛知縣第二、愛知縣第三、岐阜縣、三重縣第一、三重縣第二宗務所。

（三）近畿管區，下設滋賀縣、京都府、大阪府、奈良縣、和歌山縣、兵庫縣第一、兵庫縣第二宗務所。

（四）中國管區，下設岡山縣、廣島縣、山口縣、鳥取縣、島根縣第一、島根縣第二宗務所。

（五）四國管區，下設德島縣、高知縣、香川縣、愛媛縣宗務所。

（六）九州管區，下設福岡縣、大分縣、長崎縣第一、長崎縣第二、長崎縣第三、佐賀縣、熊本縣第一、熊本縣第二、宮崎縣、鹿兒島縣　沖繩縣宗務所。

（七）北信越管區，下設長野縣第一、長野縣第二、福井縣、石川縣、富山縣、新潟縣第一、新潟縣第二、新潟縣第三、新潟縣第四宗務所。

(八)東北管區，下設福島縣、宮城縣、岩手縣、青森縣、山形縣第一、山形縣第二、山形縣第三、秋田縣宗務所。

(九)北海道管區，下設北海道第一、北海道第二、北海道第三宗務所。

各宗務所下再設各教區，各轄本地諸寺院，寺院數大約在十五至二十座之間，由於篇幅關係，省略不記。

四、海外開教與文化傳播

關於日本曹洞宗向海外派遣布教師的時間，南美洲諸國因為以前有大量日僑，相對較早。然後是夏威夷和北美洲，主要是美國。其次是歐洲諸國，主要有法國、德國、瑞士、義大利、西班牙、荷蘭、波蘭以及挪威等國。大洋洲有澳大利亞寺院兩座，亞洲有斯里蘭卡一座。寺院住持有日本僧侶，大部分則為各國出身的僧侶。此外，還有在世界各地所設的曹洞宗國際中心以及國際布教總監部等機構，多為日籍僧人。在此不一一贅述。

由上可知，道元所開創的日本曹洞宗，自建立永平寺七百七十餘載來，其派下寺院近一萬五千座，宗風遠播歐美諸國。還有道元禪的研究及其名著《正法眼藏》的研究，不僅在日本蔚然成風，碩果累累，在海外也有頗為廣泛的研究，不但有中文等譯本，更有甚多英文、德文等研究著作與論文。由於本書以道元的傳記內容為主，容以後有機緣再細究了。

附錄

道元禪師年譜

歲數　西元　和曆（宋曆）

一歲　一二〇〇　正治二年

一月，在京都誕生，父為久我通親，母為藤原基房之女伊子。

三歲　一二〇二　建仁二年

十月，父親逝世。

四歲　一二〇三　建仁三年

始讀《李嶠百詠》。

七歲　一二〇六　建永元年

研讀《毛詩》、《左傳》等典籍。

八歲　一二〇七　承元元年

是年冬，母親逝世。

九歲　一二〇八　承元二年
攻讀《俱舍論》。

十三歲　一二一二　建曆二年
向比叡山良顯法眼表明有出家之願，在山中横川般若谷千光房住下。

十四歲　一二一三　建保元年
是年四月，於第七十代天台座主公圓僧正下剃度，戒壇院受菩薩戒。

十五歲　一二一四　建保二年
因修行中生起疑問，往三井寺（園城寺）參訪公胤上人，公胤建議道元日後入宋求法。其間，或曾去建仁寺參訪明庵榮西等。

十八歲　一二一七　建保五年
是年秋，下比叡山，正式入東山建仁寺修行，向榮西高徒明全學習臨濟、戒律、天台、密教等。

二十四歲　一二二三　貞應二年（大宋嘉定十六年）
二月二十二日，與明全等從建仁寺出發，往博多揚帆，登上前往天童寺入宋之途。四月初旬，到達明州慶元府寧波港。因故，暫滯留於船中。

五月中，在船中邂逅阿育王寺老典座，蒙其教示，得以後著述〈典座教訓〉一文。

七月上天童山景德寺，與住持臨濟宗大慧派無際了派相見。其間，曾一時代從業之師明全去參禮與榮西有關的名山大寺。

二十五歲

一二二四　元仁元年（大宋嘉定十七年）

是年冬，因無際了派圓寂，道元又往諸山歷訪諸尊宿。

二十六歲

一二二五　嘉祿元年（大宋寶慶元年）

五月歸至天童山，與新任住持長翁如淨相見，視為參學正師。

五月二十七日，明全因病圓寂於山內了然寮，世壽四十二歲。二十九日在山內荼毗。

九月，於如淨座下稟受菩薩大戒，並隨如淨修行。

二十八歲

一二二七　安貞元年（大宋寶慶三年）

得天童如淨印可嗣法。七月上旬，辭別如淨，歸日本國。

七月十七日，天童如淨示寂，世壽六十六歲。

是年秋，於肥後上岸，返回京都，寓居建仁寺，撰述〈普勸坐禪儀〉。

二十九歲　一二二八　安貞二年

於建仁寺，將明全的舍利供養入塔。寂圓東渡，在建仁寺參見道元。

三十一歲　一二三〇　寬喜二年

告別建仁寺，移錫深草極樂寺別院安養寺閒居。

三十二歲　一二三一　寬喜三年

閒居深草，八月著述《正法眼藏・辦道話》等。

三十四歲　一二三三　天福元年

開闢觀音導利興聖寶林寺，撰述《正法眼藏・摩訶般若波羅蜜》、《正法眼藏・現成公案》。

三十五歲　一二三四　文曆元年

達磨宗懷奘前來隨侍，時時上堂説法示眾，致力撰述《正法眼藏》諸卷。

三十六歲　一二三五　嘉禎元年

懷奘筆錄道元語錄，名為《正法眼藏隨聞記》。

八月授懷奘菩薩大戒。

十二月起化緣籌建僧堂（坐禪堂）。

三十七歲　一二三六　嘉禎二年

十月，僧堂竣工。十二月任命懷奘為首座。

三十八歲　一二三七　嘉禎三年

領眾修行，著述〈典座教訓〉一文。

四十歲　一二三九　延應元年

撰述《正法眼藏．重雲堂式》、《正法眼藏．即心是佛》、《正法眼藏．洗淨》、《正法眼藏．洗面》四卷。

四十一歲　一二四〇　仁治元年

領眾修行，撰述《正法眼藏》共七卷。

四十二歲

一二四一　仁治二年

達磨宗徒懷鑑、義介、義演等入門。比叡山參學過的義尹也聞名前來參學。

撰述《正法眼藏．佛性》等，共十卷。

四十三歲

一二四二　仁治三年

愛徒僧海英年早逝，年方二十七。道元悲切，為之上堂供養。

八月，由宋國寄來《如淨禪師語錄》。撰述《正法眼藏》十六卷。

四十四歲

一二四三　寬元元年

是年夏，因頻受比叡山之壓迫，七月離京都入越州，住入吉峰寺，任命義介為典座。全力為眾說法，著述《正法眼藏》共十九卷。

四十五歲

一二四四　寬元二年

七月，建立大佛寺，舉行開堂供養法會。

九月，法堂竣工。十一月，僧堂上梁。著述〈對己五夏闍梨法〉，撰述《正法眼藏》共十卷。

四十七歲　一二四六　寬元四年
六月，將大佛寺改稱永平寺。著述〈示庫院文〉、〈知事清規〉，撰述《正法眼藏》一卷。

四十八歲　一二四七　寶治元年
八月，將永平寺務委託給義介，往鎌倉行化。

四十九歲　一二四八　寶治二年
三月，由鎌倉歸永平寺。十二月制定〈庫院制規〉等。

五十歲　一二四九　建長元年
一月，制定〈眾寮箴規〉等，山中領眾精進修行。

五十三歲　一二五二　建長四年
是年夏，身感微恙。十月，最後一次上堂說法。

五十四歲　一二五三　建長五年
一月，撰述《正法眼藏・八大人覺》。七月，讓住持位給弟子孤雲懷奘。

八月五日，為治療由懷奘等陪同下由永平寺前往京都，下榻俗弟子覺念府邸。
八月十五日中秋，夜詠和歌一首。
八月二十八日圓寂，世壽五十四。

道元禪師法系圖

- 釋迦牟尼佛
- 西天第一祖 摩訶迦葉（前九〇五寂？）
- 第二祖 阿難陀
- 第三祖 商那和修（前八〇五寂？）
- 第四祖 優婆毱多（前七四一寂？）
- 第五祖 提多迦（前六九二寂？）
- 第六祖 彌遮迦（前六三七寂？）
- 第七祖 婆須蜜（前五九〇寂？）
- 第八祖 佛陀難提（前五三五寂？）
- 第九祖 伏陀蜜多（前四八七寂？）
- 第十祖 婆栗濕縛（前四四二寂？）
- 第十一祖 富那夜奢（前三八三寂？）
- 第十二祖 阿那菩底（馬鳴）（前三二七寂？）
- 第十三祖 迦毘摩羅（前二六九寂？）
- 第十四祖 那伽閼剌樹那（龍樹）（前二一二寂？）
- 第十五祖 迦那提婆（前一六一寂？）
- 第十六祖 羅睺羅多（前一一三寂？）
- 第十七祖 僧伽難提（前七四寂？）
- 第十八祖 伽耶舍多（前一三寂？）
- 第十九祖 鳩摩羅多（二二寂？）
- 第二十祖 闍夜多（七四寂？）
- 第二十一祖 婆修盤頭（一一七寂？）
- 第二十二祖 摩拏羅（一六五寂？）
- 第二十三祖 鶴勒那（二〇九寂？）
- 第二十四祖 獅子菩提（師子）（二五九寂？）
- 第二十五祖 婆舍斯多（三二五寂？）
- 第二十六祖 不如密多（三三八寂？）
- 第二十七祖 般若多羅（四五七寂？）
- 第二十八祖（震旦初祖）菩提達摩（五三六寂？）
- 第二十九祖 太祖（神光）慧可（四八七—五九三）
- 第三十祖 鑑智僧璨（六〇六寂）
- 第三十一祖 大醫道信（五八〇—六五一）
  - 牛頭法融（五九四—六五七）
- 第三十二祖 大滿弘忍（六〇二—六七五）
  - 神秀（六〇六—七〇六）
- 第三十三祖（中國禪宗六祖）大鑑惠能（六三八—七一三）
  - 南嶽懷讓（六七七—七四四）
    - （略）—臨濟義玄（八六七寂）
      - （略）—黃龍慧南（一〇〇二—一〇六九）（略）—明庵榮西（一一四一—一二一五）—佛樹明全（一一八四—一二二五）—道元（一二〇〇—一二五三）
      - （略）—楊岐方會（九九二—一〇四九）（略）
        - 圜悟克勤（一〇六三—一一三五）—大慧宗杲（一〇八九—一一六三）（略）—大日能忍
        - （略）—無門慧開（一一八三—一二六〇）—心地覺心（一二〇七—一二九八）
    - （略）—溈山靈祐（七七一—八五三）—仰山慧寂（八〇七—八八三）
  - 荷澤神會（六六八—七六〇）
  - 永嘉玄覺（六六五—七一三）
  - 南陽慧忠（七七五寂）
- 第三十四祖 青原行思（七四〇寂）
- 第三十五祖 石頭希遷（七〇〇—七九〇）
  - 天皇道悟（七四八—八〇七）
    - （略）—雲門文偃（八六四—九四九）
    - （略）—法眼文益（八八五—九五八）
  - 丹霞天然（七三九—八二四）
  - 潮州大顛（七三二—八二四）
- 第三十六祖 藥山惟儼（七五一—八三四）
- 第三十七祖 雲巖曇晟（七八二—八四一）
- 第三十八祖 洞山良价（八〇七—八六九）

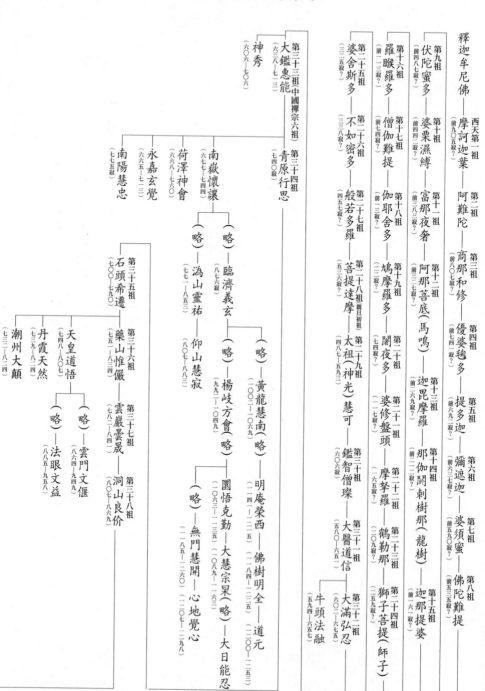

- 第三十九祖 雲居道膺（九〇二寂）
  - 第四十祖 同安道丕（？—九〇五）
    - 第四十一祖 同安觀志
      - 第四十二祖 梁山緣觀
        - 第四十三祖 大陽警玄（九四一—一〇二七）
          - 第四十四祖 投子義青（一〇三二—一〇八三）
            - 第四十五祖 芙蓉道楷（一〇四三—一一一八）
              - 第四十六祖 丹霞子淳（？—一一一九寂）
                - 第四十七祖 長蘆（眞歇）清了
                  - 第四十八祖 天童宗珏（一〇九一—一一六二）
                    - 第四十九祖 雪竇智鑑（一一〇五—一一九二）
                      - 第五十祖 如淨（一一六三—一二二七）
                        - 第五十一祖（日本初祖） **道元**（一二〇〇—一二五三）
                          - 第五十二祖（以下略） 孤雲懷奘（一一九八—一二八〇）
                            - 徹通義介（一二一九—一三〇九）
                              - 瑩山紹瑾（一二六八—一三二五）
                                - 明峯素哲（一二七七—一三五〇）（以下略）
                                - 峨山韶碩（一二七六—一三六六）（以下略）
                                - 珍山源照
                                - 壺庵至簡（一三四一寂）
                                - 默譜祖忍（尼）？
                                - 金燈慧球（尼）
                                - 無涯智洪
                                - 孤峯覺明（一二八七—一三六一）
                                - 祇陀大智（一二九〇—一三六六）
                              - 宗月
                              - 懷暉
                            - 義演（一三一四寂？）
                            - 義準
                            - 廣僧
                            - 道荐
                            - 寂圓（一二九九寂）—義雲（一二五三—一三三三）—曇希（一二八八—？）（以下略）
                            - 斯道紹由（一二九八—一三〇一）（以下略）
                            - 仁叟淨熙（以下略）
                            - 鐵山志安（一二四六—一三三六）（以下略）
                            - 愚谷常賢（一三三九寂）（以下略）
                            - 釋運
                          - 詮慧
                            - 經豪
                            - 實智
                            - 示眞
                          - 僧海
                          - 永貞寂光
                          - 了然
                          - 了然法明
                          - 寒巖義尹（一二一七—一三〇〇）
                - 宏智正覺（一〇九一—一一五七）
                  - （略）—東明慧日（一二七二—一三四〇）
                  - （略）—雲外雲岫（一二四二—一三二四）—東陵永璵（一二八五—一三六五）
              - 鹿門自覺—（略）—萬松行秀（一一六六—一二四六）—（略）
              - 心越興儔（一六三九—九六）
- 曹山本寂（八四〇—九〇一）
- 華嚴休靜
- 九峰通玄
- 乾峰
- 吉州禾山
- 疎山匡仁
- 青林師虔
- 龍牙居遁（八三五—九二三）

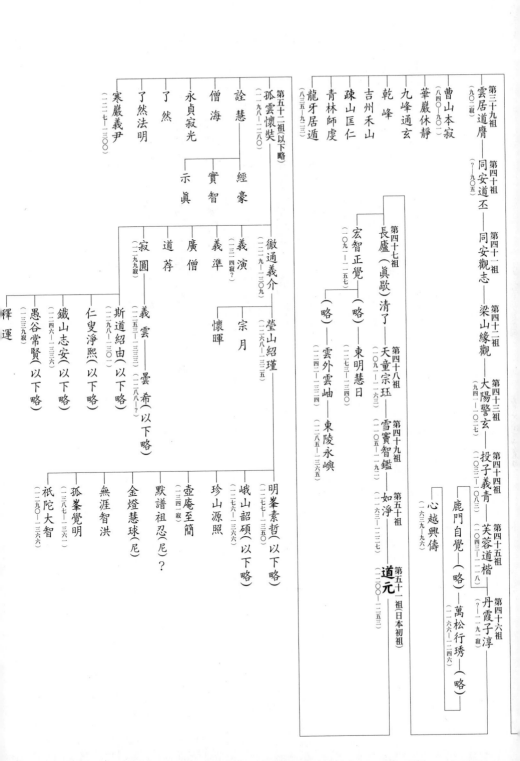

參考資料

古籍與工具書

《本山版縮刷正法眼藏 全》，鴻盟社。
何燕生譯註《正法眼藏》，北京宗教文化出版社。
《道元禪師全集》，春秋社。
《永平寺史料全書》，大本山永平寺。
大正藏七六《溪嵐拾葉集》，大藏出版。
河村孝道，《諸本對校永平開山道元禪師行狀建撕記》，大修館書店。

日文著作

日本思想大系《道元》上．下，岩波書店。

和辻哲郎，《正法眼藏隨聞集》，岩波書店。
衛藤即應，《正法眼藏》上・中・下，岩波書店。
鏡島元隆，《天童如淨禪師の研究》，春秋社。
鏡島元隆，《道元禪師と引用經典・語錄の研究》，木耳社。
鏡島元隆，《道元禪師語錄》，講談社。
鏡島元隆，《道元禪師とその門流》，誠信書店。
大久保道舟，《道元禪師傳の研究》，筑摩書房。
東隆真，《道元小事典》，春秋社。
東隆真，《日本曹洞宗史》，平河出版社。
石井修道，《中國禪宗史話》，禪研究所。
石井修道，《道元禪の成立史的研究》，大藏出版。
石井修道，《宋代禪宗史の研究》，大東出版社。

何燕生，《道元と中國禪思想》，法藏館。
伊藤慶道，《道元禪師研究》，名著普及會。
伊藤秀憲，《道元禪師研究》，大東出版社。
中世古祥道，《道元禪師傳の研究》，國書刊行會。
玉城康四郎，《道元》上·下，春秋社。
中尾良信，《孤高の禪師 道元》，吉川弘文館。
新本豐，《道元禪の研究》，山喜房佛書林。
古田紹欽，《正法眼藏の研究》，創文社。
水野彌穗子，《正法眼藏隨聞記の世界》，大藏出版。
舘隆志，《園城寺公胤の研究》，春秋社。
角田泰隆，《道元禪師の思想史的研究》，春秋社。
胡建明，《中國宋代禪林高僧墨蹟の研究》，春秋社。

胡建明，《圭峯宗密思想の綜合的研究》，春秋社。

日文論文

東隆真，〈《行業記》と《行狀記》——《行狀記》の作者・成立年代推定〉，《宗學研究》六。
石川力三，〈《寶慶由緒記》の史料的價值〉，《印度學佛教學研究》二五之一。
石井清純，〈道元禪師の在家者に對する說示について〉，《宗學研究》三三。
伊藤秀憲，〈道元禪師の在宋中の動靜〉，《駒澤大學佛教學部研究紀要》四二。
今枝愛真，〈道元越前入居の真相〉，《日本歷史》二一八。
高橋秀榮，〈後嵯峨天皇と道元禪師〉，《宗學研究》二五。
船岡誠，〈道元の結界論〉，《印度學佛教學研究》一二。
原田弘道，〈道元禪師と金剛三昧院隆禪〉，《印度學佛教學研究》二三之一。
原田弘道，〈道元入宋の經濟的背景〉，《宗教學論集》一〇。

佐藤秀孝，〈天童山の無際了派とその門流〉，《駒澤大學佛教學部論集》三九。
佐藤秀孝，〈道元禪師示寂の周邊〉，《印度學佛教學研究》四〇之一。
佐藤秀孝，〈熊本市本妙寺所藏《道元禪師頂相》——歸國當初に描かれた道元禪師の姿を偲んで〉，《駒澤大學禪文化歷史博物館紀要》二。
胡建明，〈初期日本曹洞宗における若干の疑問點を提示して〉，《駒澤大學佛教經濟研究》四二。
胡建明，〈初期日本曹洞宗における頂相の研究——道元から紹瑾までを中心として〉，《鹿島美術研究年報》一九。

國家圖書館出版品預行編目（CIP）資料

道元禪師：日本曹洞宗初祖／胡建明編撰 — 初版
臺北市：經典雜誌，慈濟傳播人文志業基金會，2021.02
400 面；15×21 公分 —（高僧傳）
ISBN 978-986-99938-1-4（精裝）
1. 釋道元 2. 佛教傳記 3. 日本
229.63 109022305

道元禪師——日本曹洞宗初祖

創　辦　人／釋證嚴
發　行　人／王端正
平面媒體總監／王志宏

編　撰　者／胡建明
美 術 指 導／邱宇陞
責 任 編 輯／賴志銘
行 政 編 輯／涂慶鐘
插 畫 繪 者／林國新
校 對 志 工／林旭初
排　　　版／尚璟設計整合行銷有限公司
出　版　者／經典雜誌
慈濟傳播人文志業基金會
112019 臺北市北投區立德路 2 號
客 服 專 線／（02）28989991
傳 真 專 線／（02）28989993
劃 撥 帳 號／19924552　戶名／經典雜誌
印　　　製／新豪華製版印刷股份有限公司
經　銷　商／聯合發行股份有限公司
231028 新北市新店區寶橋路 235 巷 6 弄 6 號 2 樓
（02）29178022
出 版 日 期／2021 年 2 月初版一刷
定　　　價／新臺幣 380 元